Écoute !

Editions ASAHI

Sakurako INOUE

Chloé VIATTE

Vincent BRANCOURT

Machiko NAKAGAWA

Quelques mots pour presenter ce manuel

Destiné aux étudiants débutants, ce manuel voudrait leur permettre de maîtriser les savoir-faire linguistiques fondamentaux en privilégiant la compréhension et la production orale.

Chaque leçon s'organise autour :

1. D'une **introduction**, constituée de courts enregistrements qui introduisent la notion grammaticale étudiée dans la leçon, suivie d'**exercices d'écoute** et d'**explication grammaticale**.

2. D'exercices de **phonétique** privilégiant les points posant en particulier difficulté pour les apprenants japonais (groupe rythmique, liaison, voyelles nasales, lettres qu'on ne lit pas...)

3. D'**exercices d'application** qui offriront aux étudiants la possibilité de réemployer rapidement les nouvelles notions, en situation de production orale. Nous avons tenté de donner un caractère ludique à ces exercices.

4. D'une section **interculturelle** qui essaie de donner aux étudiants accès à la diversité du monde francophone à travers des exercices d'écoute ou de compréhension écrite. Chaque leçon s'achève par un exercice de **production** dans lequel les étudiants pourront réutiliser la notion grammaticale acquise, souvent en lien avec la section interculturelle.

Nous espérons que notre manuel saura donner aux étudiants le goût de parler français et de découvrir les mondes divers auxquels la langue française donne accès.

automne 2019

Les auteurs

はじめに

この教科書は、はじめてフランス語を学ぶみなさんが、おもに聞き取り、発話の練習を通して基礎的な文法知識と語彙力を身につけることを目指した総合教材です。大学 1 年次の春学期（前期）から使用されることを念頭に初学者向けの解説・問題を準備いたしましたが、基礎的な文法知識を振り返りながら、聴解能力、会話力（作文力）の向上に重点を置く大学 1 年次の秋学期（後期）、2 年次の初級〜中級レベルの実習の授業でも活用いただけるように配慮いたしました。

本書は 12 課からなりますが、各課の内容は以下の通りです。

1. Introduction Exercices d'écoute 文法解説（1, 2 ページ目）

Introduction は各課でフォーカスが置かれる学習事項（文法事項）に基づいた聞き取り問題です。Introduction で何がテーマになっているかつかめたら、Exercices d'écoute に進みましょう。必要に応じて 2 ページ目の**文法解説**を先に参照すると取り組みやすくなると思われますが、文字情報に頼りすぎず、できるだけ音に集中し、繰り返し問題を聞くことでフランス語の音にもより早く慣れることができるでしょう。別冊問題集も活用してください。

2. Phonétique（2 ページ目）

フランス語の初学者が発音するときにつまずきやすいポイント（読まない語末の子音、リエゾン、エリジオン、複母音、鼻母音など）をまとめました。聞き取り問題、音読の練習を通して、聴解力を伸ばすとともに、なめらかに発音することを目指しましょう。

3. Exercices d'application（3 ページ目）

各課で取り上げられる文法事項をもとに、語彙を増やしながら、簡単なフランス語の会話力を身につけることを目的としたコーナーです。最初は例文を暗記するだけでも十分効果があると思います。慣れてきたら、例文のさまざまな語や表現を自由に変換しつつ、表現力を磨いていきましょう。

4. Interculturel Production (écrite)（4 ページ目）

Interculturel はフランスのみならず、フランス語が用いられている世界の様々な国々の生活、社会を紹介するコーナーです。内容理解（読解、聴解）問題を通して、フランス語が用いられている世界の広がりを感じ取ってください。Production は、各課のまとめです。各課で学んだ文法知識、語彙をもとに、ある程度まとまりのある文章を作成する訓練を通して、基礎的な作文力を習得しましょう。

フランス語を学習し始めたみなさんにとって、本書がフランス語の音声に早く慣れ、臆さず発話できるようになるための一助となれば幸いです。

2019 年秋

著者一同

Table des matières 目次

音声はこちら

https://text.asahipress.com/free/french/ecoute/index.html

Leçon 0

フランス語の音に慣れましょう

Introduction

♪ 1-02　A　何を頼んだでしょうか。Quelle est la commande ?

❶ オムレツ　　❷ クレープ　　❸ レモンタルト

♪ 1-03　B　例にならって 1. スープ　2. タルト 3. キッシュを頼んでみましょう。Commandez suivant le modèle.

> **Exemple**
>
> Bonjour. Une crêpe, s'il vous plaît.

café La Seine
menu

pain	soupe	**desserts**	vin rouge
croissant	consommé	chou à la crème	vin blanc
café au lait	pot-au-feu	crêpe	beaujolais nouveau
	ratatouille	éclair	champagne
	omelette	gâteau au chocolat	
	quiche lorraine	marrons glacés	
	moules	millefeuille	
		tarte au citron	
	fromage		
	camembert		

♪ 1-04　C　音声を聞いて、聞こえた食べ物、飲み物が何か、上のリストの中から探しましょう。Écoutez et retrouvez la graphie.

Production

上の食べ物、飲み物の読み方をもとに、フランス語で以下の綴りがどのような読み方になるかカタカナと対応させましょう。

a (　　)　　à (　　)　　au (　　)　　ai (　　)　　an (　　)　　ain (　　)

e (　　)　　eu (　　)　　eau (　　)　　é (　　)　　em (　　)　　e ＋子音 (　　)

ê (　　)　　è (　　)

i (　　)　　in (　　)

o (　　)　　oi (　　)　　on (　　)　　ou (　　)

ouille (　　)　　euille (　　)

qui (　　)

ch (　　)　　gn (　　)

ca (　　)　　ci (　　)

ga (　　)　　ge (　　)

～t (　　)

～s (　　)

～e (　　)

Alphabet アルファベ

A B C D E F G H I J K L M N O P Q R S T U V W X Y Z

A まずはアルファベの読みを聞いてください。フランス語のアルファベの中で、英語と同じ、あるいは似た読みをしている文字を×で消してください（ヒント 10 個以上あります）。 ♪ 1-05

B 残った文字の中でカタカナで書き起こせそうなものと、そうでないものを区別してください。カタカナで書き起こせそうなものは、まずカタカナで書いてみましょう。そうでないものに、○をつけてください。

C 先の食べ物、飲み物リストの綴りが読まれます。どの食べ物、飲み物か考えてみましょう。 ♪ 1-06

D フランス語の挨拶を読みます。どのような綴りか想像して書いてみてください。 ♪ 1-07

Interculturel

A 次のリストから単語を選び、上のアルファベを用いそのスペルをペアで言ってみましょう。Épelez les ♪ 1-08
mots suivants.

gratin   cassoulet   confit   choucroute   poutine   couscous

B 料理名とイラストを結んでください。Reliez aux images. ♪ 1-9

| 1. gratin dauphinois | 2. cassoulet | 3. confit de canard |

| 4. choucroute | 5. poutine | 6. couscous |

a. 肉と白いんげんの煮込み
（トゥールーズ地方）

b. フライドポテトにホワイトソースをかけたもの
（カナダ、ケベック地方）

c. 鴨肉の塩油づけ
（南西地方）

d. グリルした肉、根菜類の煮込みとクスクス（セモリナ粉）
（北アフリカ由来だが、現在はフランスにも人気）

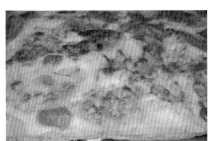

e. ジャガイモのグラタン
（フランスの家庭料理）

f. 豚肉やソーセージなどとジャガイモ、発酵させたキャベツの煮込み
（アルザス地方）

Leçon 1

Bonjour ! Il y a un problème ?
Au revoir !

あいさつをする、教室にあるものをフランス語でしめす、好きな教科を言う / 冠詞 / 読まない文字（1）とリエゾン

Introduction

♪ 1-10

Situation 1

1. どこにいるでしょう。Où sont ils ?

□海　　　　□駅　　　　□カフェ　　　　□教室

2. 聞こえた表現すべてにチェックしましょう。Cochez.

□ au revoir　□ bonjour　□ un problème　□ des questions

質問があるときには、指を挙げます。

Exercices d'écoute

♪ 1-11

A　音声を聞いて、un, une, des のいずれが聞こえたかチェックしましょう。Écoutez et cochez ce que vous avez entendu.

	1	2	3	4	5	6
un						
une						
des						

♪ 1-12

B　イラストとキャプションをヒントに、音声の冠詞に注意しながら繰り返しましょう。Écoutez et répétez.

❶❷❸❹ もの　　　　　　　　　　　　　　❺❻ 人

dictionnaire(s)　tablette(s)　stylo　　　étudiant　étudiante

❼ 数えられない名詞

café　　viande　　eau

>> やってみよう！
別冊問題集　A, C, E

4

名詞と冠詞

不定冠詞 les articles indéfinis, 定冠詞 les articles définis, 部分冠詞 les articles partitifs

フランス語の名詞は全て男性名詞か女性名詞に分けられる。
数えられる名詞については、単数形、複数形があり、単数形に s をつけると複数形になる。
フランス語の名詞は原則として冠詞を伴う。

不定冠詞	名詞
un	男性単数
une	女性単数
des	複数

定冠詞	名詞
le (l')	男性単数
la (l')	女性単数
les	複数

un étudiant / une étudiante
des étudiants, des étudiantes
un stylo / une tablette
des stylos, des tablettes

le soleil / la lune
l'ordinateur, l'hôtel / l'étoile
les ordinateurs, les hôtels, les étoiles

l' は母音、無音の h から始まる名詞の前で必ず用いる。

部分冠詞	名詞
du (de l')	男性単数
de la (de l')	女性単数

du poisson, de l'argent, du courage
de la viande, de l'eau, de la chance

de l' は母音、無音の h から始まる名詞の前で用いる。

◎**不定冠詞** 不特定の**数えられる**名詞につく。

◎**部分冠詞** 不特定の**数えられない**名詞につく。

⇄ ◎**定冠詞** 特定のもの（この世に 1 つしかないもの、話し手と
聞き手が何を指すかわかっているもの）、概念を指す。

Phonétique lettres muettes (1) et liaison

フランス語では原則として語末の子音は読みません。ただし、あとに続く語が母音あるいは無音の h から始まる場合、子音を復活させることがあります。これをリエゾンといいます。

A 音声を聞いて、発音されない s に下線をひきましょう。Écoutez et soulignez les "s" muets. ♪ 1-13

　1 Trois Japonais à Monaco.　2 Des cinémas sympas à Paris.

B 音声を聞いて、発音されない t に下線をひきましょう。Écoutez et soulignez les "t" muets. ♪ 1-14

　1 Un restaurant intéressant　2 Un café au lait, s'il vous plaît.

　3 Mont-Saint-Michel

また、語末の e を読まないことにも気をつけましょう。

C 音声を聞いて、発音されない e に下線をひきましょう。Écoutez et soulignez les "e" muets. ♪ 1-15

　1 La France et le Japon　2 Je passe à Nice.　3 Elle dîne au café ?

　4 Marie aime la Suisse.

D リエゾンに注意して、音声の後について発音しましょう。Écoutez et prononcez (attention à la liaison). ♪ 1-16

　un téléphone　un éléphant / deux téléphones　deux éléphants

E リエゾンに注意し、1 から 5 までの数詞をつけて先生と学生の数を数えましょう。 ♪ 1-17

　un prof　un étudiant / deux profs　deux étudiants / trois profs　trois étudiants...

Exercices d'application

♪ 1-18 A. 次の名詞とイラストを結びつけましょう。Associez les expressions avec les images.

| 1. un cahier | 2. un livre | 3. une chaise | 4. un sac |

a. 　　b. 　　c. 　　d.

♪ 1-19 B　次の質問に答えましょう。Répondez aux questions.

❶ Dans la classe...

　Il y a une chaise ?　　　Oui　/　Non

| il y a... : 〜がある。 |

❷ 1. にならって、隣のひとに教室にあるものについて質問しましょう。

♪ 1-20 C　次の名詞とイラストを結びつけましょう。Associez les expressions avec les images.

| 1. le cinéma | 2. le foot | 3. la musique | 4. la natation |

a. 　　b. 　　c. 　　d.

♪ 1-21 D　以下の文の（　　　　）をうめましょう。さらに声に出して言いましょう。Complétez les phrases et prononcez.

❶ J'aime（　　　）cuisine italienne.　　❷ J'aime（　　　）opéra.

❸ J'aime （　　　）fleurs.　　❹ J'aime（　　　）éléphants.

| J'aime... : 〜が好きだ。 |

♪ 1-22 E　隣の人と自分の好きなものについて話しましょう。Parlez de vos goûts et de vos préférences avec votre voisin(e).

≫ やってみよう！
別冊問題集　B, D

Interculturel

Bonjour と Au revoir は、日本語の「こんにちは」や「さようなら」よりもずっとひろく使われます。

A　いつ Bonjour といいますか。下の絵から選びましょう。Quand dit-on en français : « Bonjour » ?

Nombres ♪ 1-23

0	1	2	3	4	5	6	7	8	9	10
zéro	un / une	deux	trois	quatre	cinq	six	sept	huit	neuf	dix

A 聞こえる数を算用数字で書き取りましょう。Dictée.　♪ 1-24

❶ (　　　　) ❷ (　　　　) ❸ (　　　　) ❹ (　　　　)

❺ (　　　　) ❻ (　　　　) ❼ (　　　　) ❽ (　　　　)

❾ (　　　　) ❿ (　　　　) ⓫ (　　　　) ⓬ (　　　　)

B 指をつかって、1 から 10 まで数えてみましょう。

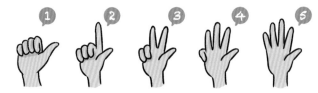

C クラスの中で以下の条件に合う人をフランス語で数えてみましょう。

❶ T シャツを着た男子学生　　❷ ショートカットの女子学生　　❸ リュックサックを持った学生（など）

>> やってみよう！
別冊問題集　F

Production

A イラストを描写してみましょう。Décrivez les images.　♪ 1-25

B 好きな教科はありますか。例にならって言ってみましょう。Dites vos goûts.　♪ 1-26

J'aime l'histoire.

Vocabulaire			
英語　l'anglais	生物　la biologie	化学　la chimie	法律学　le droit
経済学　l'économie	フランス語　le français	地学　la géologie	地歴　l'histoire-géo
文学　la littérature	数学　les mathématiques	医学　la médecine	物理　la physique
体育　l'EPS	政治学　les sciences politiques		

>> やってみよう！
別冊問題集　G, H

2

Tu es français ?

職業、持ち物、国籍について話す / être, avoir, 第 1 群規則動詞の直説法現在 / エリジオン

Introduction

♪ 1-27 | **Situation 1** | **être**

国籍を聞き取ってみましょう。 Écoutez.

Thomas est a. français   b. suisse   c. belge.

♪ 1-28 | **Situation 2** | **avoir**

聞こえた文にチェックしましょう。Écoutez et cochez ce que vous avez entendu.

a. J'ai une tablette.   b. Tu as une tablette.   c. Il a une tablette.

Exercices d'écoute

フランス語の動詞は主語にあわせて 6 つの形に変化します。ここでは être, avoir, 第 1 群規則動詞を学びましょう。

♪ 1-29 **A** 音声を聞いて、être のどの活用形が聞こえたかチェックしましょう。Écoutez et cochez.

être 〜である、いる	1	2	3	4	5
je suis					
tu es					
il est					
nous sommes					
vous êtes					
ils sont					

♪ 1-30 **B** 音声を聞いて、avoir のどの活用形が聞こえたかチェックしましょう。Écoutez et cochez.

avoir 持つ	1	2	3	4	5
j'ai					
tu as					
il a					
nous avons					
vous avez					
ils ont					

♪ 1-31 **C** 第 1 群規則動詞の読まない活用語尾に注意しながら、音声を聞きましょう。Écoutez et cochez.

❶ □ parle   □ parlons   □ parlez   ❷ □ habites   □ habitez   □ habitent

❸ □ pense   □ penses   □ pensent   ❹ □ arrive   □ arrivez   □ arrivent

❺ □ étudie   □ étudies   □ étudient

>> やってみよう！
別冊問題集　A, B, C, E

文法解説　主語人称代名詞と動詞の直説法現在

フランス語の動詞は主語に応じて活用する。

主語人称代名詞

	単数		複数	
1人称	je	私は	nous	私たちは
2人称	tu *1	君は	vous *3	あなたは／あなたたちは
3人称	il	彼は（それは）	ils	彼らは（それらは）
	elle	彼女は（それは）	elles	彼女たちは（それらは）
	on *2	（私たちは、人々は、など）		

＊1　tu：家族、友人など親しい相手に対して。　＊3　vous：それ以外の相手に対して。
＊2　on は状況によって指すものが変わる、活用は3人称単数と同じ。

être ～である　♪1-32

je	suis	nous	sommes
tu	es	vous	êtes
il / elle / on	est	ils / elles	sont

Je suis japonais.　Elle est étudiante.
Nous sommes à Paris.

動詞 avoir ～を持つ　♪1-33

j'	ai	nous	avons
tu	as	vous	avez
il / elle / on	a	ils / elles	ont

J'ai 20 ans.　Tu as faim ?
Il y a un tableau dans la salle de classe.

（第1群規則動詞）chanter 歌う　♪1-34

je	chante	nous	chantons
tu	chantes	vous	chantez
il / elle / on	chante	ils / elles	chantent

Elle chante très bien. Nous chantons ensemble.

habiter 住む　♪1-35

j'	habite	nous	habitons
tu	habites	vous	habitez
il / elle / on	habite	ils / elles	habitent

J'habite à Yokohama. Vous habitez où ?

・第1群規則動詞がフランス語動詞全体の約8割を占める。

Phonétique　élision

母音と無音のhから始まる語の前で、以下の特定の語の語末の母音が省略され、アポストロフを用いて結ばれます。これをエリジオンと言います。

Comprendre　♪1-36

定冠詞（le, la）とともに	L'éléphant　L'hippopotame
ce とともに	C'est un panda.
否定の ne とともに	Je n'aime pas le café !
que とともに	Qu'est-ce que c'est ?
de とともに	Le chat d'Amélie.　Le chien d'Henri
人称代名詞（je, me, te, se, le, la）とともに	J'aime les chats. Je m'appelle Florence.
si と主語人称代名詞 il の組み合わせで	Un café, s'il vous plaît.

音声を聞いて、下線部を埋めましょう。Complétez les phrases.　♪1-37

1 ___ arrive demain. (Je / J')

2 _____ est où, _____ entrée ? (Ce / c') (le / l')

3 Rémi _____ est pas français. (ne / n')

4 _____ train est en retard. (L' / Le)

5 ___ est ___ amie ___ Anne. (C' / Ce) (la / l') (d' / de)

≫ やってみよう！
別冊問題集　D

Exercices d'application

A être を直説法現在に活用させ、絵を見てその人たちの職業をフランス語で言いましょう。Conjuguez "être", puis dites la profession.

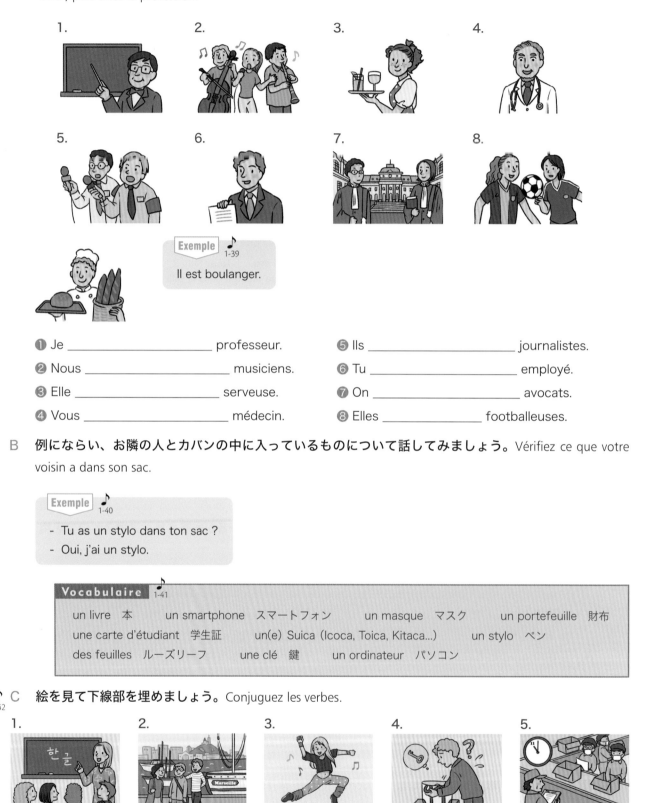

1.

2.

3.

4.

5.

6.

7.

8.

Exemple ♪ 1-39

Il est boulanger.

❶ Je _____ professeur.

❷ Nous _____ musiciens.

❸ Elle _____ serveuse.

❹ Vous _____ médecin.

❺ Ils _____ journalistes.

❻ Tu _____ employé.

❼ On _____ avocats.

❽ Elles _____ footballeuses.

B 例にならい、お隣の人とカバンの中に入っているものについて話してみましょう。Vérifiez ce que votre voisin a dans son sac.

Exemple ♪ 1-40

- Tu as un stylo dans ton sac ?
- Oui, j'ai un stylo.

Vocabulaire ♪ 1-41

un livre　本　　un smartphone　スマートフォン　　un masque　マスク　　un portefeuille　財布
une carte d'étudiant　学生証　　un(e) Suica (Icoca, Toica, Kitaca…)　　un stylo　ペン
des feuilles　ルーズリーフ　　une clé　鍵　　un ordinateur　パソコン

♪ 1-42 C 絵を見て下線部を埋めましょう。Conjuguez les verbes.

1.

2.

3.

4.

5.

❶ Ils _____ le coréen. (étudier)

❷ Nous _____ à Marseille. (habiter)

❸ Elle _____ bien. (danser)

❹ Vous _____ la clé ? (chercher)

❺ On _____ trop ! (travailler)

Interculturel

聞き取って下線部を埋めましょう。またエリジオンしている箇所に○をつけましょう。Écoutez et complétez ♪ 1-43 le texte suivant sur l'Algérie.

L'Algérie _____ un pays francophone. Elle n'est pas dans l'Organisation internationale de la francophonie mais beaucoup d'Algériens (33%) _____ français tous les jours. On _____ le français dans l'éducation et dans les médias.

Vocabulaire
un pays 国　　francophone　フランス語圏の
faire partie de　～の一部をなす
l'Organisation internationale de la francophonie　フランコフォニー国際機関
tous les jours　毎日　　l'arabe　アラブ語　　le tamazight ベルベル語派
les langues officielles 公用語　　utiliser　用いる　　l'éducation　教育
les médias　メディア

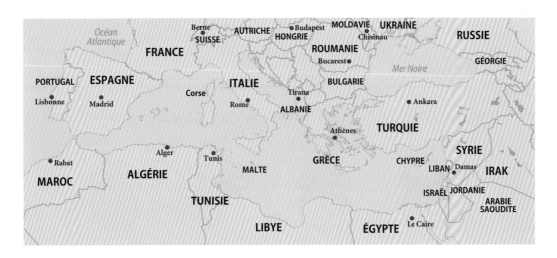

Production écrite

p.10 のイラストにある人々の国籍、職業、持ち物などについてできるだけ詳しく説明しましょう。どれだけ長い文章を作れるか、クラスメイトと競争しましょう。Écrivez un petit texte sur chacune des images de la p.10.

Exemple ♪ 1-44

Il est boulanger. Il est français. Il a du pain et des croissants. Et il aime les pandas...

>> やってみよう！
別冊問題集　F, G, H

Leçon 3

Vous vous appelez comment ?

名前をいう、1日の行動を話す / 代名動詞 / u-ou 音

Introduction

♪ 1-45 **Situation 1** 彼の名前は？

Il s'appelle comment ?

Il s'appelle (   ).

♪ 1-46 **Situation 2**

聞こえた文にチェックしましょう。Écoutez et cochez.

a. Je me lève à sept heures.

b. Tu te lèves à sept heures.

c. Elle se lève à sept heures.

Exercices d'écoute

♪ 1-47 **A** イラストを見ながら、時間表現に関する音声を聞き、繰り返しましょう。Écoutez et répétez les heures.

❶    ❷    ❸    ❹    ❺

♪ 1-48 **B** 何時か聞き取りましょう。Écoutez : « Quelle heure est-il ? »

❶ (   )   ❷ (   )

❸ (   )   ❹ (   )

> **Exemple** ♪ 1-49
>
> 時刻表現（詳しくは Appendice p.56 参照）
> Il est une heure.
> Il est deux (trois / quatre/ cinq...) heures.
> Il est deux heures dix (et quart /et demie). (...)

♪ 1-50 **C** 音声を聞いて（   ）内の再帰代名詞を1つ選び、完成された文を読みましょう。Complétez les phrases puis lisez.

❶ Ça, là, comment ça (m' / t' / s') appelle ? Et comment ça (m' / t' / s') écrit ?

❷ Moi, c'est Chloé. Et toi, comment tu (m' / t' / s') appelles ?

❸ En France, en hiver, le soleil (me / te / se) lève à 8h30.

❹ Je (me / te / se) lave les cheveux tous les jours. Et toi ?

❺ Vous (nous / vous / se) regardez souvent dans le miroir ?

❻ Les hommes (nous/ vous / se) maquillent ?

❼ On (m' / t' / s') habille comment pour le *sotsugyo-shiki* ?

ça : それ

>> やってみよう！

別冊問題集　A

代名動詞 les verbes pronominaux

再帰代名詞 me(m'), te(t'), se(s'), nous, vous, se(s') をともない動詞で表わされる動作が自分に向かうことを示します。

se laver（自分の）体を洗う ♪ 1-51
je me lave
tu te laves
il se lave, elle se lave, on se lave
nous nous lavons
vous vous lavez
ils se lavent, elles se lavent

s'appeler（自分を）〜と呼ぶ→〜という名である ♪ 1-52
je m'appelle
tu t'appelles
il s'appelle, elle s'appelle, on（ça）s'appelle
nous nous appelons
vous vous appelez
ils s'appellent, elles s'appellent

◎代名詞の用法

1. 再帰的用法	Je me lave les mains.	Vous vous-appelez comment ?
2. 受動的用法（主語はもの）	Ce poisson se mange cru.	Ce roman se lit facilement.
3. 相互的用法	Ils se téléphonent souvent.	On se voit demain !
4. 本質的用法	Je me souviens de toi.	L'oiseau s'enfuit.

この課では 1 の再帰的用法に注目。

>> やってみよう！
別冊問題集　B, C, D

3

\ **Phonétique** **voyelles [y] et [u]** /

u と ou はいずれも口を鋭くとがらせて発音させます。u は下の前歯の裏に舌先をつけ、口の中を狭めて発音し、ou は舌を後ろに引き、できた空間で音を響かせて発音します。

A　u の音を聞き取りましょう。Écoutez. Dans quelle syllabe entendez-vous le "u" ?　♪ 1-53

1-2-3-4-5	1-2-3-4-5	1-2-3-4-5	1-2-3-4-5	1-2-3-4-5

B　音に注意しながら、次の文を音読してみましょう。Lisez les phrases.　♪ 1-54

1　Te rappelles-tu ?　　2　Ne te rappelles-tu pas ?　　3　Tout ? Tu te rappelles de tout ?

4　Tout ? Tu te rappelles de tout ? C'est fou !　　5　Tout ? Tu te rappelles de tout ? C'est super !

>> やってみよう！
別冊問題集　E

Nombres 11〜20 ♪ 1-55

11	12	13	14	15	16	17	18	19	20
onze	douze	treize	quatorze	quinze	seize	dix-sept	dix-huit	dix-neuf	vingt

>> やってみよう！
別冊問題集　F

Exercices d'application

♪ 1-56 A　次の動詞とイラストとを結びつけましょう。Associez les verbes aux images.

> 1. se préparer un bain chaud　　2. se maquiller　　3. se raser　　4. s'habiller

> 5. se regarder dans le miroir　　6. se doucher　　7. se coiffer

a.　　　　　b.　　　　　c.　　　　　d.

e.　　　　　f.　　　　　g.

B　文を作って質問してみましょう。Construisez vos phrases et posez des questions.

❶ 以下の表にある主語と動詞を使って、文を作りましょう。

♪ 1-57 ＜動詞表現リスト＞

> se préparer un bain chaud　　se maquiller beaucoup　　se raser la moustache

> s'habiller en personnage de manga　　se commander un apéro en terrasse

> se regarder beaucoup dans le miroir　　se trouver beau(x) (belle(s))

❷ 次にペアを組み、質問をしてみましょう。Verbes à combiner avec les sujets ci-dessous. Devinez les phrases

composées par votre voisin(e).

> **Exemple** ♪ 1-58
>
> A : Coco Chanel se commande un apéro en terasse ?
> B : Oui, elle se commande un apéro en terasse. → A : Donald Trump se maquille beaucoup ?...
> B : Non, Coco Chanel se regarde beaucoup dans le miroir ?
> A : Oui. / Non.

本人記入欄	ペア記入欄
Donald Trump ＿＿＿＿＿＿＿＿＿	Donald Trump ＿＿＿＿＿＿＿＿＿
Coco Chanel ＿＿＿＿＿＿＿＿＿	Coco Chanel ＿＿＿＿＿＿＿＿＿
Tu ＿＿＿＿＿＿＿＿＿＿＿＿＿	Tu ＿＿＿＿＿＿＿＿＿＿＿＿＿
Je ＿＿＿＿＿＿＿＿＿＿＿＿＿	Je ＿＿＿＿＿＿＿＿＿＿＿＿＿
Nous ＿＿＿＿＿＿＿＿＿＿＿＿	Nous ＿＿＿＿＿＿＿＿＿＿＿＿
Madame Marie-Antoinette, vous ＿＿＿＿＿	Madame Marie-Antoinette, vous ＿＿＿＿＿
＿＿＿＿＿＿＿＿＿＿＿＿＿＿＿	＿＿＿＿＿＿＿＿＿＿＿＿＿＿＿
Sartre et Beauvoir ＿＿＿＿＿＿＿	Sartre et Beauvoir ＿＿＿＿＿＿＿

Interculturel

A 以下はスイスに関する文章です。下線部に注意しながら、音声をききましょう。Écoutez le texte sur la Suisse.

スイスの有権者は州選挙及び統一選挙のために、よく投票に行きます。彼らは、政治問題について自分の意見を述べる習慣があります。企業では問題が発生すると、従業員は自分の意見を述べます。そして、雇用者はそれにもとづいて、判断します。

Les électeurs suisses se rendent souvent aux urnes pour des votations cantonales et fédérales.

Ils ont l'habitude de s'exprimer sur des sujets politiques.

Et en entreprise, si des problèmes apparaissent, les employés donnent leur avis.

Puis après les managers arbitrent sur cette base.

Vocabulaire

apparaître 出現する   arbitrer 判断する   donner son avis 意見を述べる

s'exprimer 自分の意見を述べる   se rendre 出向く   électeur 有権者   urne 投票箱

votation cantonale 州ごとの投票

B フランス語圏のさまざまな朝の過ごし方を見てみましょう。Le matin dans divers pays francophones ♪ 1-60

❶ パリに住んでいるフランス人の高校生の朝をフランス語で説明しましょう。
se préparer　□ du pain　□ du bacon　□ un café au lait　□ du jus d'orange

❷ カナダの Québec に住んでいるカナダ人の大学生の朝をフランス語で説明しましょう。
se préparer　□ du thé　□ des œufs　□ des pancakes　□ du pain

❸ アフリカ、ガボン共和国の首都 Libreville に住んでいるおばあさんの朝をフランス語で説明しましょう。
se préparer　□ du pain　□ de la viande　□ du riz　□ des oignons

Production

A 以下の文を声に出して読みましょう。Lisez les phrases suivantes.

Le matin, je me lève à 6 heures et je me douche. Je me prépare du riz. Je me brosse les dents. Je me maquille et je me coiffe.

B 朝は何をしますか？ペアを組んでフランス語で説明しましょう。Qu'est-ce que tu fais le matin ?

>> やってみよう！
別冊問題集　G, H

15

Elle n'a pas de problème.

人物について語る / 否定文、疑問文 / 鼻母音 [ã] et [ɛ̃ /œ̃/ ã]

Introduction

♪ 1-62

| Situation |

次の語を並べかえましょう。

1. a. Mami,　　b. chinoise ?　c. tu　　d. es-

2. a. Non,　　b. chinoise.　c. suis　d. pas　e. je　f. ne

Exercices d'écoute

♪ 1-63

A 次の語を並べかえて否定文を作りましょう。Remettez dans l'ordre.

❶ (journalistes / pas / nous / sommes / ne).

_____

❷ (à / il / n'/ habite / Nice / pas).

_____

❸ (cinéma / n' / il / le / pas / aime).

_____

♪ 1-64

B 読まれる文を聞き、どれが聞こえたかチェックしましょう。Qu'avez-vous entendu ?

	1	2	3	4	5
ne pas					
n' pas					
肯定文					

♪ 1-65

C 読まれる文を聞き、pas de という要素が入っている文をチェックしましょう。Écoutez. Avez-vous entendu « pas de » ?

1	2	3	4	5

♪ 1-66

D 今から読まれる文の答えとして適当なものを選びましょう。Choisissez la bonne réponse.

❶ Oui, très bien.　　　　　　❷ Non, pas de problème.

❸ Non, je suis italien.　　　　❹ Non, il n'y a pas de fromage.

>> やってみよう！
別冊問題集　A, B

文法解説

否定文

・否定文を作るには動詞を ne (n') と pas で挟む。

> 主語　ne (n') 動詞 pas
> Je ne suis pas français.

注意：ne の次に来る単語が母音あるいは無音の h から始まるときはエリジオン（n'）する。
　　　Elle n'est pas belge.　Je n'habite pas à Strasbourg.
発展：口語では、ne が省かれる（ないしほとんど聞こえない）場合が多い。
　　　C'est pas vrai ! C'est pas possible !

・否定文では、直接目的補語の不定冠詞 un, une des, 部分冠詞 du, de la de l' は de に変わる。
　Je n'ai pas de sœurs. Il n'y a pas de fromage.
注意：定冠詞の場合は変わらない。　Je n'aime pas le foot.
　　　属詞の不定冠詞は変わらない。Ce n'est pas un ordinateur.

・代名動詞の場合は、次の語順になる。
　主語 ne 再帰代名詞 動詞 pas　Je ne me lève pas tôt.

疑問文

3つの作り方がある。
1. 尻上がりのイントネーションによる。
　　Vous avez des frères et sœurs ?　Il est étudiant ?　Elle chante bien ?
2. 文頭に Est-ce que を加える。
　　Est-ce que vous avez des frères et sœurs ?　Est-ce qu'il est étudiant ?　Est-ce qu'elle chante bien ?
3. 主語と動詞を倒置する。
　　Avez-vous des frères et sœurs ?　Est-il étudiant ?　Chante-t-elle bien ?
　　注意：例えば、主語人称代名詞が il, elle で動詞が avoir、第1群規則動詞の場合のように、母音と母音が衝突するとき、
　　　　　音を整えるために倒置した動詞と主語人称代名詞の間に t を入れる。　Y a-t-il du fromage ?

>> やってみよう！
別冊問題集　C, D

Phonétique **voyelles nasales [ã] et [ɛ̃ / œ̃]**

♪ 1-67

[ã] はアの口で [ɛ̃ / œ̃] はエの口で鼻から音を出すように発音します。口を閉じないのがポイントです。

[ã] an, am, en, em

méchant !
un grand champ
Tu es vraiment bête !
Je n'ai pas le temps !

[ɛ̃/œ̃] aim, ain, éen, ein, en, ien, im, in, um, un

J'ai faim
du pain
Il y a plein de livres
coréen
deux timbres
un verre de vin
du parfum
un, deux, trois

[ã] と [ɛ̃ / œ̃] のいずれが聞こえたか表にチェックを入れましょう。Indiquez si le son que vous avez entendu est un [ã] ou un[ɛ̃ / œ̃].

♪ 1-68

	1	2	3	4	5	6	7	8
[ã]								
[ɛ̃ / œ̃]								

Exercices d'application

ペアを組み、相手が以下の人物のうち、誰を選んだか当てましょう。Un des étudiants choisit un personnage. L'autre étudiant doit deviner de qui il s'agit en posant des questions.

Qui est-ce ?

1.	2.	3.	4.	5.
Sébastien	Nicolas	Jérôme	Christophe	Cédric

6.	7.	8.	9.	10.
Élodie	Virginie	Audrey	Céline	Delphine

Exemple ♪ 1-69

1 Est-ce que c'est un homme ?	Oui, c'est un homme. / Non, ce n'est pas un homme.
2 Est-ce qu'elle est brune ?	Oui, elle est brune. / Non, elle n'est pas brune.
Est-ce qu'il a une barbe ?	Oui, il a une barbe. / Non, il n'a pas de barbe.
Est-ce qu'elle a un chapeau ?	Oui, elle a un chapeau. / Non, elle n'a pas de chapeau.
Est-ce qu'il a des lunettes ?	Oui, il a des lunettes. / Non, il n'a pas de lunettes.
3 C'est Sébastien ?	Oui, c'est Sébastien. / Non, ce n'est pas Sébastien.

Vocabulaire ♪ 1-70

Il (Elle) est blond(e). 彼(女)は金髪だ。 / brun(e). 彼(女)は栗毛だ。

Il (Elle) a un chapeau. 彼(女)は帽子をかぶっている。 / une barbe. ひげを生やしている。 / un collier. ネックレスをしている。 / des boucles d'oreilles. イヤリングをしている。 / des lunettes. メガネをかけている。

Pause café

♪ 1-71 鼻母音に注意しながらフランス語圏のファッションデザイナーの名前を発音してみましょう。Lisez les noms des grands couturiers francophones suivants. Attention aux nasales.

イヴ・サン＝ローラン	Yves Saint-Laurent
クリスチャン・ディオール	Christian Dior
ジャンヌ・ランバン	Jeanne Lanvin
ピエール・カルダン	Pierre Cardin

Interculturel

以下の文を読んで、設問が文章の内容に合っているか考えましょう。Lisez le texte.
1-72

フランス人の名前

En France, vers 1900, les prénoms populaires sont des noms de saints : Marie, Jeanne ou Marguerite pour les filles, Jean, Louis ou Pierre pour les garçons.

Aujourd'hui, il y a du choix. Les parents cherchent l'originalité. Il y a des modes : par exemple, en 1966, on donne beaucoup aux filles le prénom Nathalie. Et en 1991, beaucoup de garçons s'appellent Kevin, un prénom américain. En 2018, les prénoms féminins populaires sont Louise, Emma et Jade et pour les garçons, ce sont Gabriel, Raphaël et Jules.

Vrai ou faux

❶ Vers 1900, les prénoms populaires ne sont pas des noms de saints.　　　vrai / faux

❷ Aujourd'hui, il n'y a pas de choix pour les prénoms.　　　vrai / faux

❸ En 1991, le prénom Kevin est à la mode.　　　vrai / faux

Production écrite

否定表現だけ用い、être, avoir, 第 1 群規則動詞、代名動詞をそれぞれ 2 回以上用い、自己紹介を書きましょう。Présentez-vous en utilisant seulement la négation.

1-73

Je ne m'appelle pas Takashi. Je ne suis pas français. Je ne suis pas petit. Je n'ai pas de frères et sœurs. Je n'ai pas de voiture. Je ne mange pas de légumes. Je ne me lève pas à 5 heures. Je n'aime pas les maths.

>> やってみよう！
別冊問題集　E, F, G, H

Il est sportif. Elle est sportive.

人・ものを描写する / 形容詞 / 読まない文字(2)

Introduction

Situation 1	ケンタロウ

聞こえた方を選びましょう。Écoutez et choisissez de bonnes réponses.

1. (sportif / sportive)　　2. (japonais / japonaise)　　3. (beau / belle)

Situation 2	ユミ

聞こえた方を選びましょう。Écoutez et choisissez de bonnes réponses.

1. (sportif / sportive)　　2. (japonais / japonaise)　　3. (beau / belle)

Exercices d'écoute

♪ 1-76 A　以下の絵を見ながら、音声を聞き、繰り返しましょう。Écoutez et répétez.

1.　　　　2.　　　　3.　　　　4.　　　　5.　　　　6.

♪ 1-77 B　音声をきき、イラストを選びましょう。Associez les phrases avec les images.

a.　　　　b.　　　　c.　　　　d.　　　　e.　　　　f.

>> やってみよう！
別冊問題集　A, B

Nombres 21〜100 ♪ 1-78

21	22	30	31	32	40	50
vingt-et-un	vingt-deux	trente	trente-et-un	trente-deux	quarante	cinquante

60	70	80	90	100
soixante	soixante-dix	quatre-vingts	quatre-vingt-dix	cent

>> やってみよう！
別冊問題集　G

		masculin	féminin
女性形の作り方	男性形 +e	japonais	japonaise
例外	男性形が e で終わるもの	jeune	jeune
	-f → - ve	sportif, actif	sportive, active
	-er → -ère	cher	chère
	-eux → -euse	heureux	heureuse
	-on → -onne	bon	bonne
	-ien → - ienne	parisien	parisienne
	-el → -elle	quel, traditionnel	quelle, traditionnelle

		singulier	pluriel
複数形の作り方	単数 +s	petit	petits
例外	-s, -x は不変	gros, heureux	gros, heureux
	-eau → -eaux	beau	beaux
	-al → - -aux	social	sociaux

男性第 2 形を持つ beau, nouveau, vieux については、別冊問題集参照のこと。

・形容詞は原則名詞の後に置く

un stylo bleu / des stylos bleus

・ただし、よく使われる形容詞で音節の短いものは名詞の前に置かれる。

beau / bon / court / grand / gros / haut / jeune / joli / long / mauvais / nouveau / petit / vieux など

・形容詞が名詞の前に置かれた場合、複数の不定冠詞 des が de になる。

des voitures japonaises / de jolies chaussures

>> やってみよう！
別冊問題集　C, D

⸺ \ Phonétique lettres muettes (2) / ⸺

Leçon 1 (p. 3) の内容を思い出しつつ、音声を聞いて、発音されない文字に線をひきましょう。♪

1-79

Écoutez et barrez les finales muettes.

1　Un petit sac avec des petits pois

2　C'est mauvais. - Tu n'aimes pas ? - Pas beaucoup.

3　Quelle belle jeune dame !

4　Marie est mariée.

5　Trop court ? Non, pas assez long !

6　Célèbre et très sympa.

7　Alors ? Comment ? Nul !

Exercices d'application

A 描写しましょう。Décrivez un objet.

❶ 次の形容詞を分類しましょう。Classez.

blanc, grand, joli, léger, nouveau, petit, pratique, vert

名詞の前	
名詞の後	

❷ 例のように名詞と形容詞２つを用いて表現を作り、紙に書きましょう。ペアを組み、相手がどのような表現を作ったか当てましょう。相手が作った表現の中にある単語をいくつ当てられるか競争しましょう。

Exemple ♪ 1-80

A : (De jolies lunettes légères という表現を準備)
B : Un nouveau sac à dos vert ?
A : Zéro !
B : Une jolie veste blanche ?
A : Un !
B : De jolies lunettes blanches ?
A : Deux !...

Vocabulaire ♪ 1-81

des écouteurs, des lunettes, un sac à dos, une veste

B 例にならって、イラストの人物を描写してみましょう。Décrivez les images à l'oral.

Exemple ♪ 1-82

Ahmed a les cheveux noirs. Il est grand. Il a l'air intelligent.
Il porte un pantalon vert et un t-shirt blanc.

Vocabulaire ♪ 1-83

être とともに：
brun(e), blond(e), roux (rousse)
grand(e), petit(e), gros(se), mince
gentil(le), sympa, méchant(e), intelligent(e), bête, timide, triste
avoir とともに：
une chemise, une veste, une robe, un manteau, un jean, des
lunettes, les cheveux longs, les yeux marron（不変）
avoir l'air ＋ 形容詞：〜のように見える

Interculturel

フランス語圏の有名人 Connaissez-vous des personnalités francophones ?

A 以下の有名人について説明してみましょう。 Choisissez un personnage dans cette liste et décrivez-le.

Exemple ♪ 1-84

(Simone Veil) Elle est ministre. Elle est féministe. Elle est courageuse.

人物： Marie Curie　　Kylian Mbappé　　Roger Federer　　Céline Dion

Coco Chanel　　René Descartes　　Victor Hugo　　Simone Veil

Vocabulaire

sportif(ve), créatif(ve), jeune, brun(e), scientifique, intelligent(e), fort(e), courageux(se), gentil(le), sympa, chanteur(euse), philosophe, poète

5

B 隣の人に、フランスと日本のキャラクターについてフランス語で説明してみましょう。どのキャラクターかわかるでしょうか。 Choisissez un personnage dans cette liste. Décrivez le personnage que vous avez choisi et faites le deviner à votre voisin(e).

Exemple ♪ 1-85

(Kirikou) Il est petit. Il est intelligent. Il n'est pas grand, mais il est vaillant.

キャラクター： ドラえもん　　ピカチュウ　　ナルト　　トトロ

キリク (Kirikou)　　タンタン (Tintin)

Production

A 以下の３つのイラストをみて、音声を聞きましょう。どの人を描写しているのでしょうか。 Écoutez. La ♪ 1-86 description correspond à quelle image ?

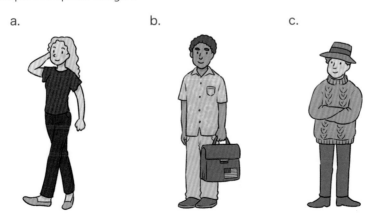

a.　　　　　　b.　　　　　　c.

B 身の回りの人を描写してみましょう。 Décrivez des personnes autour de vous. ♪ 1-87

>> やってみよう！
別冊問題集　E, F, H, I

Où Hugo va-t-il en vacances ?

近い未来、近い過去の出来事について語る /aller, venir, faire の直説法現在、近接未来、近接過去 / 鼻母音 [ã] et [õ]

Introduction

♪ 1-88

Situation 1

ユゴーはどこにヴァカンスへ行きますか。Où Hugo va-t-il en vacances ?

1. Au Canada　　2. Aux Antilles　　3. En Allemagne　　4. En Chine

♪ 1-89

Situation 2

なぜユゴーはうれしいのですか。Pourquoi Hugo est content ?

1. Il vient d'avoir son bac.　　　2. Il vient d'acheter une nouvelle voiture.

3. Il vient d'avoir vingt ans.　　4. Il vient de se marier.

Exercices d'écoute

♪ 1-90

A フランス語の文を聞いて、正しい動詞の活用形を選びましょう。Écoutez et choisissez la forme conjuguée.

❶ Je (vais / vas / va) à Nagoya.

❷ Vous (avez / allez / venez) de Saïtama ?

❸ Il (est / a / fait) du tennis.

❹ On (va / a / vient) au cinéma.

❺ Ils (ont / font / viennent) à la maison.

❻ Nous (sommes / allons / faisons) la cuisine ensemble.

♪ 1-91

B フランス語の文を聞いて、(　　　) 内の正しい表現を選びましょう。Écoutez et choisissez.

❶ Je suis (au / à l'/ à la) restaurant.

❷ J'étudie (au / à l'/ à la) université.

❸ Une terrine (au / à la / aux) légumes, s'il vous plaît.

❹ La tablette (du / de l' / de la) professeur.

❺ Les questions (du / de la / des) étudiants.

♪ 1-92

C フランス語の文を聞いて、下線部に対応する箇所を書きましょう。Dictée. Écoutez et complétez les phrases.

❶ Vous ＿＿＿＿＿＿＿＿＿＿＿＿＿＿＿＿＿ faire quoi ce week-end ?

❷ Mon père ＿＿＿＿＿＿＿＿＿＿＿＿＿＿＿ se lever.

❸ Nous ＿＿＿＿＿＿＿＿＿＿＿＿＿＿＿ partir en vacances cet été.

❹ Je ＿＿＿＿＿＿＿＿＿＿＿＿＿＿＿ avoir vingt ans.

>> やってみよう！
別冊問題集　D, E

動詞 aller, venir, faire の直説法現在の活用、近接未来、近接過去

aller 行く ♪ 1-93

je	vais	nous	allons
tu	vas	vous	allez
il / elle / on	va	ils / elles	vont

Je vais à Toulouse.
Nous n'allons pas chez nos parents.
Tu vas au Québec ?

venir 来る ♪ 1-94

je	viens	nous	venons
tu	viens	vous	venez
il / elle / on	vient	ils / elles	vont

Je viens de Colmar.
Vous ne venez pas des États-Unis ?

◎近接未来 le futur proche aller の活用形＋不定法「これから〜する」
Je vais faire des courses au marché. Je ne vais pas partir en week-end. Je vais me marier

◎近接過去 le passé récent venir の活用形＋ de (d') ＋不定法 「〜したところだ」
Vous venez d'arriver ? Je ne viens pas de manger. Tu viens de te lever ?

faire つくる、〜する ♪ 1-95

je	fais	nous	faisons
tu	fais	vous	faites
il / elle / on	fait	ils / elles	font

Je fais la cuisine tous les jours.
Vous ne faites pas de sport ?

>> やってみよう！
別冊問題集　A, B, C

6

\ **Phonétique** **voyelles nasales [ã] et [õ]** /

[õ] は日本語のオンに似ていますが、くちびるをしっかりまるめて、口を閉じずに発音するのが ♪ 1-96
ポイントです。

[ã] an, am, en, em	**[õ] on, om**
méchant ! un grand champ Tu es lent ! Je n'ai pas le temps !	Il est blond. Achète des concombres.

A 聞き取った音が[ã] か [õ]かチェックしましょう。Indiquez si vous avez entendu un [ã] ou un [õ]. ♪ 1-97

	1	2	3	4	5	6	7	8
[ã]								
[õ]								

B 次の表現を音読しましょう。Lisez les expressions suivantes. ♪ 1-98

1 C'est ton stylo ?　　　2 Yvan est très méchant.　　　3 Yvon est absent.

4 Pendant longtemps　　　5 Une très belle chanson

Exercices d'application

♪ 2-01 A 次の表と例を見て、4人の人物が一週間に行う活動について、主語に合わせて動詞 aller を活用させ、フランス語で言ってみましょう。Faites le plus de phrases possibles.

 ♪ 2-02

1. Je vais à la piscine lundi.
2. Tu vas à la bibliothèque mardi.
3. Anaïs va à la piscine mercredi.

	je	tu	Anaïs	Hugo et Nicolas
Lundi 月	à la piscine		au supermarché	à l'université
Mardi 火	chez le dentiste	à la bibliothèque	chez le médecin	au cinéma
Mercredi 水	au cinéma		à la piscine	
Jeudi 木		au supermarché		au concert
Vendredi 金	chez le coiffeur		au cinéma	

☞曜日（の発音）については Appendice p. 56 を参照

chez ＋ 人 ：〜のところで（に）

♪ 2-03 B 6つの絵を見て、語彙リストを用いて文を完成させましょう。Regardez et complétez les phrases.

1.
2.
3.

4.
5.
6.

Phrases：（近接過去→近接未来の順で作文）

1. Je _____ de(d') _____. Je _____.
2. Tu _____ de(d') _____. Tu _____.
3. Ils _____ de(d') _____. Où _____ -ils _____ ?
4. Nous _____ de(d') _____. Nous _____.
5. Vous _____ de(d') _____. Vous _____.
6. Ils _____ de(d') _____. Qu'est-ce qu'il _____ _____ ?

> **Vocabulaire**
>
> 近接過去：acheter un nouveau chapeau　　manger　　aller chez coiffeur　　se marier
> 　　　　　se doucher　　casser le vase
>
> 近接未来：aller　faire　　partir aux Antilles　　sortir avec mon ami　　s'habiller
> 　　　　　se promener un peu

Interculturel

近接未来、近接過去を用いてキンシャサについての説明文を完成させましょう。Complétez le texte en utilisant le futur proche et le passé récent.

En 2017, Kinshasa, la capitale de la République démocratique du Congo, est la plus grande ville francophone du monde, devant Paris ! Sa population (dépasser) les 11 millions (11 000 000) d'habitants. On estime qu'en 2030 le pays (compter) cent vingt quatre millions (124 000 000) d'habitants !

注意！フランス語はコンゴの公用語ですが、フランス語以外にも 4 つの主要言語があります。またコンゴで用いられている言語は 200 ほどあると言われています。

> **Vocabulaire**
>
> République démocratique du Congo　コンゴ共和国　　la population　人口　　dépasser　超える
> estimer　推測する　　compter　数える　　un habitant　住民

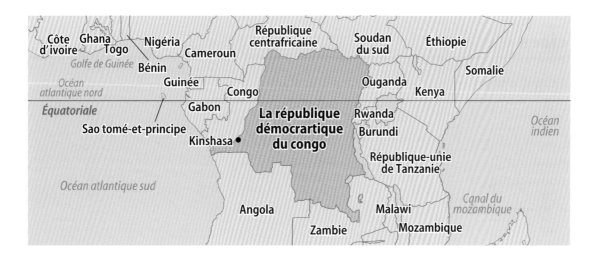

Production

あなたの一週間のスケジュールをフランス語で言ってみましょう。Racontez votre semaine.

> **Exemple** 2-05
>
> Le lundi matin, je vais à l'université. Le mardi, je n'ai pas cours. Je vais à la piscine l'après-midi. Le mercredi, je fais du tennis le matin. Le jeudi soir, je vais à Shinjuku et je fais un petit boulot. Le vendredi, je vais à l'université. J'ai cours toute la journée. Le week-end, je reste chez moi et je me repose.

>> やってみよう！
別冊問題集　F, G, H

Ma mère est française et mon père est japonais.

家族を紹介する / 所有形容詞、比較級、最上級 / eu, eur 音

Introduction

♪ 2-06

| Situation 1 |

誰のことでしょう。 C'est qui ?

a. ma sœur　　b. mon amie　　c. ma prof

♪ 2-07

| Situation 2 |

どんな人でしょう。 Elle est comment ?

a. plus blonde　　b. plus sportive　　c. plus intelligente

Exercices d'écoute

♪ 2-08

A 所有形容詞を聞き取り、さらにできあがった文をよみましょう。Écoutez et complétez les phrases.

❶ (　　　　　　　　) fille s'appelle Louise.

❷ (　　　　　　　　) neveu habite aux États-Unis.

❸ Je vais voir (　　　　　　　) grands-parents.

❹ Je connais bien (　　　　　　) fils.

❺ Je travaille plus que (　　　　　　) sœur Maire.

❻ C'est (　　　　　　) université.

❼ Voilà (　　　　　) adresse.

❽ C'est (　　　　) hôtel.

☞家族の表現については Appendice p.57 参照

>> やってみよう！
別冊問題集　A, B

♪ 2-09

B 音声を聞き、以下の表を埋め、さらに表の下の文を完成させましょう。Écoutez et complétez.

	Tama	Potchi
外見	gros	
性格	pas très actif	

Potchi est (　　　　　　) petit que Tama.

Potchi est (　　　　　　) actif que Tama.

文法解説 所有形容詞、形容詞の比較級、最上級

◎所有形容詞（père, mère, amie, parents, amies を例に）

	単数形				複数形	
	男性名詞	女性名詞			男性名詞	女性名詞
je	mon　père	ma　mère	mon　amie		mes　parents	mes　amies
tu	ton	ta	ton		tes	tes
il / elle	son	sa	son		ses	ses
nous	notre	notre	notre		nos	nos
vous	votre	votre	votre		vos	vos
ils / elles	leur	leur	leur		leurs	leur

◎比較級

形容詞の比較級
A plus (aussi / moins) 形容詞（性数一致に注意）que B
Ma mère est plus (aussi / moins) sportive que mon père.
例外：bon の優等比較級は meilleur(e)(s)
Ce restaurant-ci est meilleur que ce restaurant-là.

副詞の比較級
A plus (aussi / moins) 副詞 que B
Mon père marche plus / moins / aussi vite que moi.（que の後に代名詞が来る時は強勢形）
例外：bien の優等比較級は mieux
Ma fille chante mieux que moi.

◎数量表現
Ma sœur travaille plus (autant / moins) que moi.
J'ai plus (autant / moins) de livres qu'elle.

最上級は、定冠詞をつけて表す。
形容詞 Elle est la plus jeune des enfants.（名詞の性に応じて、le / la / les と定冠詞をかえる）
副詞 Elle chante le mieux de la famille. **動詞** Elle travaille le moins de la classe.
名詞 Elle a le plus (moins) de « j'aime » sur Instagram.

7

>> やってみよう！
別冊問題集　C, D, E, F

\ **Phonétique** **sons eu et eur** /

A **eu の音が何番目の音節にくるでしょうか。** Écoutez dans quelle syllabe entendez-vous le "EU". ♪
2-10

1	2	3	4	5
1-2-3-4-5	1-2-3-4-5	1-2-3-4-5	1-2-3-4-5	1-2-3-4-5

B **単語に含まれる eur の音が何番目の音節にくるでしょうか。** Écoutez dans quelle syllabe ♪
entendez-vous le "EUR". 2-11

1	2	3	4
1-2-3-4-5-6	1-2-3-4-5-6	1-2-3-4-5-6	1-2-3-4-5-6

Exercices d'application

A 以下の文を読んで、家系図を埋めましょう。Lisez et complétez la généalogie.

❶ La mère d'Aya a un frère et une sœur. Son oncle s'appelle Julien et sa tante Sylvie.

❷ La femme de Paul s'appelle Sophie. C'est la grand-mère d'Aya.

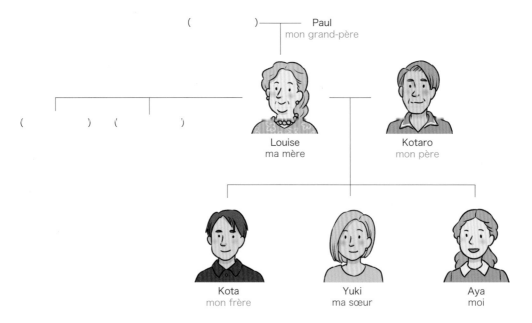

B 以下の文を読んで、上の家系図を書き足しましょう。Lisez et complétez la généalogie.

Kotaro a un petit frère. Il s'appelle Yujiro et il habite à Kanazawa avec sa famille. Sa femme s'appelle Kaori et ils ont un fils, Tomoki et une fille, Rina. Les enfants de Yujiro vont de temps en temps à Nagano pour voir leurs cousines.

♪ C 以下の動詞リストと主語を自由に結びつけて、最上級を使った文を作りましょう。できあがったら、ペ
2-12 アを組み、相手が作った文をあてましょう。当たったらそのまま続けて相手に次の質問をしましょう。
外れたら交代しましょう。Verbes à combiner avec les sujets ci-dessous. Devinez les phrases composées par votre voisin(e).

Exemple ♪ 2-13
Mes frères ont les meilleurs réflexes ? Oui / Non

Vocabulaire ♪ 2-14
être un youtubeur connu, avoir de **bons** réflexes, être important, danser **bien**, rigoler **beaucoup**, parler vite

本人記入欄

Mes frères _____

Son oncle _____

Moi et ma mère _____

Papa ! Maman ! Vous _____

Votre grand-mère _____

Ta petite sœur _____

ペア記入欄

Mes frères _____

Son oncle _____

Moi et ma mère _____

Papa ! Maman ! Vous _____

Votre grand-mère _____

Ta petite sœur _____

Interculturel

フランスの結婚事情に関する説明文を聞きましょう。そして、二つの国を結婚という事象で比較してみましょ 2-15
う。Écoutez le reportage concernant le mariage en France. Essayez de comparer deux pays au sujet du mariage.

La France est le pays européen avec (le plus / le moins) de mariages mixtes.

Et il y a (plus / autant / moins) de familles recomposées qu'avant. Vous pensez que dans les formalités administratives à l'école, les catégories (le / la / les) plus normales sont "père" ou "mère" ?

Maintenant, on dit parent 1 et parent 2. Pourquoi ? Parfois, le parent 1 n'est pas le père. C'est le beau-père. Et parfois il y a deux mères.

> **Vocabulaire**
>
> le mariage mixte, la famille recomposée, les formalités administratives, / En (Au)...il y a plus de mariage mixte... / la famille traditionnelle est moins fréquente... /
> Aller plus loin : l'union libre, le concubinage, le PACS...

Production écrite

例にならい、あなたの家族について説明してください。Présentez votre famille.

Exemple ♪ 2-16

> J'ai un grand frère et une petite sœur. Mon frère s'appelle Takato et ma sœur s'appelle Sayaka. Takato a 19 ans, il est étudiant et il est plus grand que moi. Sayaka est lycéenne, elle a 15 ans. Elle chante mieux que moi. Ma mère travaille dans une banque. Mon père aime faire la cuisine. Mes parents vont beaucoup au cinéma et ils aiment voyager. Ils viennent de rentrer des États-Unis. Ils vont aller au Maroc en 2022.

>> やってみよう！
別冊問題集　G, H, I, J

7

Leçon 8

Qu'est-ce que tu as ?

好みについて語る / 疑問代名詞 / リズムグループとイントネーション

Introduction

♪ 2-17 **Situation 1**

聞こえた疑問文を選びましょう。Écoutez et choisissez.

a. Qui est-ce ?　　b. C'est quoi ?　　c. Qu'est-ce que c'est ?

♪ 2-18 **Situation 2**

聞こえた疑問文を選びましょう。Écoutez et choisissez.

a. qui　　b. que　　c. quoi

Exercices d'écoute

♪ 2-19 **A** 音声を聞いて適切な疑問代名詞にチェックしましょう。Écoutez et cochez ce que vous avez entendu.

	1	2	3	4	5
qui					
que / quoi					

>> やってみよう！
別冊問題集　C

♪ 2-20 **B** 質問文に対応する絵を探しましょう。Trouvez les images qui correspondent aux questions.

a.

b.

c.

d.

e.

C　読まれる文が答えになるような質問文を考えましょう。Trouvez la question qui correspond à la réponse ♪ 2-21 entendue.

❶ _____ vous aimez ?

❷ Tu prends _____ comme dessert ?

❸ C'est _____ ?

❹ _____ c'est ?

文法解説

疑問代名詞

qui：不明なものが人である場合に用いる疑問代名詞

que / quoi：不明なものが物である場合に用いる疑問代名詞

	主語	直接目的補語・属詞	前置詞＋疑問代名詞
人	qui qui est-ce qui　　誰が	qui qui est-ce que　　誰を	前置詞＋ qui
もの	qu'est-ce qui 　　　　　　　何が	que qu'est-ce que quoi　　　　　　何を	前置詞＋ quoi

主語	Qui habite ici ? / Qui est-ce qui habite ici ?
	Qu'est-ce qui arrive après ?
直接目的	Qui cherchez-vous ? Qui est-ce que vous cherchez ? / Vous cherchez qui ?
	Que cherchez-vous ?/ Qu'est-ce que cherchez ? / Vous cherchez quoi ?
属詞	Qui êtes-vous ? / Qui est-ce que vous êtes ?
	Qu'est-ce que c'est ?/ C'est quoi ?
前置詞＋疑問代名詞	Avec qui parlez-vous ?
	À quoi pensez-vous ?

>> やってみよう！
別冊問題集　A, B, D

8

Phonétique **groupe rythmique et intonation**

A　聞き取った文を繰り返しましょう。Répétez les phrases. ♪ 2-22

B　アクセントが置かれているところに下線を引き、さらに文を読みましょう。Soulignez les ♪ 2-23 parties accentués.

1　Ils travaillent le dimanche.

2　Chez vous, qu'est-ce qu'on mange au petit-déjeuner ?

3　Ça va très bien.

4　J'ai un frère et deux sœurs.

5　Pourquoi as-tu fait ça ?

Exercices d'application

A ❶ 4, 5 人のグループを作って好きな人やものについて話しあいましょう。Parlez de vos préférences en groupe.

> **Exemple** ♪ 2-24
>
> a. Pour une chose :
> - Qu'est-ce que tu préfères ?
> - Qu'est-ce que tu préfères ? La mer ou la montagne ?
> - Je préfère la montagne.
>
> b. Pour une personne :
> - Qui est-ce que tu préfères ?
> - Qui est-ce que tu préfères ? BTS ou Arashi ?
> - Je préfère Arashi.

♪ 2-25 B 形容詞を聞き取り、下線部を埋めましょう。Écoutez et complétez.

❶ C'est _____ .

❷ C'est _____ .

❸ C'est _____ .

❹ C'est _____ .

❺ C'est _____ .

❻ C'est _____ .

❼ C'est _____ .

❽ C'est _____ .

❾ C'est _____ .

❿ C'est _____ .

♪ 2-26 C 音声を聞いて、描写されるものがどれかをあてましょう。Devinette.

a.   b.   c.   d.   e.

Interculturel

下線部を埋めましょう。Complétez le texte suivant.

En France, le sport en club le plus pratiqué, c'est bien sûr _____ (presque

deux millions de licenciés). _____ arrive en deuxième position, suivi de

_____ .

Au Québec, comme au Canada, le sport le plus pratiqué, c'est _____ .

Mais les Québécois aiment aussi _____, _____ ou

_____, un sport inventé par les Amérindiens.

La France

1.

2.

3.

Le Québec

1.

2.

3.

Vocabulaire

pratiqué 行われる	en club クラブで	bien sûr もちろん	le football サッカー
l'équitation 馬術	le tennis テニス	le hockey sur glace アイスホッケー	
la crosse ラクロス	inventé par ～によって生み出された		

Production écrite

例にならい、有名人、友達についてフランス語で紹介してみましょう。Présentez un ami ou une personne
célèbre.

☞巻末の語彙リストを参照

Exemple ♪ 2-28

> Il s'appelle Yohei. Il est japonais. Il aime la lecture. Il fait du badminton deux fois par semaine dans un
> club à l'université. Il aime aussi voyager.

>> やってみよう！
別冊問題集　E, F

8

Où avez-vous mal ?

身体の不調をうったえる / 疑問副詞、疑問形容詞 / r, l の音

Introduction

♪
2-29

Situation

A　どこが悪いのでしょう。La dame a mal...

　　1. au pied　　2. à la tête　　3. au ventre

B　いつからでしょう。La dame est malade depuis...

　　1. hier　　2. 3 jours　　3. 6 jours

Exercices d'écoute

♪
2-30
A　音声を聞き、聞こえた疑問詞にチェックをいれましょう。Écoutez et cochez.

	1	2	3	4	5	6	7
où							
quand							
comment							
pourquoi							
combien (de)							
quel, quelle							
quels, quels							

♪
2-31
B　音声を聞き、質問の答えになるものを選びましょう。Écoutez et cochez.

❶ ☐ 12 euros　　　　☐ 5 personnes　　　☐ en 1990

❷ ☐ à 19 heures　　　☐ bleu　　　　　　☐ parce que j'ai faim

❸ ☐ demain　　　　　☐ en avion　　　　☐ pas encore

❹ ☐ en liquide　　　　☐ Marco　　　　　☐ vendredi

❺ ☐ à Genève　　　　☐ le 1er janvier　　☐ un film

>> やってみよう！
別冊問題集　A, B, C

疑問副詞 疑問形容詞

◎疑問副詞

Où どこ	**Où** habitez-vous ? — J'habite à Sapporo.
Quand いつ	**Quand** est-ce qu'il arrive ? — Il arrive demain.
Comment どのように	Vous partez **comment** ? — Je pars en train.
Pourquoi なぜ	**Pourquoi** pleurez-vous ? — Parce que j'ai mal aux dents.
Combien (de) どのくらい	Vous avez **combien** d'enfants ? — J'ai deux filles.

◎疑問形容詞

男性単数	男性複数	女性単数	女性複数
quel	quels	quelle	quelles

Quel est votre nom ？ Quels sont vos défauts ？

Quelle heure est-il ？ Vous aimez quelles fleurs ？

≫ やってみよう！
別冊問題集　D

（Phonétique） rとlの違い

R は息がでるときに、口の奥のほうがこすれてでる（雑）音です。ポイントは力をぬくことと、舌を動かさないこと。舌先を下前歯にあて、力をいれず、「え」の口で息を勢いよくはきだします。次にその口の形のまま、「ぐ」というつもりで、音をださずに息だけ勢いよくはきだします。
L は上前歯のうらに、舌先を幅広く当てて声をだします。

A　どちらが聞こえたでしょうか。Choisissez.　♪2-32

1. le lit - le riz　　2. long - rond　　3. l'air - l'aile　　4. L'école - le corps

5. foulure - fourrure　　6. allaiter - arrêter　　7. pli - prix　　8. front - flon

B　以下の単語の空欄にはLが入るでしょうかRが入るでしょうか。Écoutez et choisissez.　♪2-33

	l	r		l	r		l	r
ma..-			pi..u..e-			ce...veau-		
hopita...-			piqu..e-			épau..e-		
b..as-			si..op-			f..ont-		
vent..e-			aspi..ine-			...angue-		
opé..ation-			go..ge-			en fo...me-		
médica..-			..hume-			st...ess-		
...it			cœu..			spécia...iste		

C　以下の語や表現にあるrに注意して発音しましょう。Gardez la prononciation du R, allongez. ♪2-34
Répétez.

opérer - ré - rayon - rayon X　　piqûre - cure - re - religion
sirop - ro - robot- robotiser　　parrain - rein - Reims - rien

D　音声を聞いて、繰り返しましょう。Répétez　♪2-35

Mal aux reins ! - Mal au bras ! - Mal au front ! - Mal au ventre !

9

Exercices d'application

♪ 2-36 A 音声を聞き、繰り返しましょう。Écoutez et répétez.

♪ 2-37 B 以下のイラストをみて、どこが痛いのか言いましょう。Observez les images et dites quel est le problème de chaque personne.

Où il / elle a mal ? Il / Elle a mal (au / à la / à l' / aux)

| le ventre | la tête | les dents | le dos |

♪ 2-38 C 質問と答えを結びつけ、体の不調に関する対話文を完成させましょう。Complétez les dialogues.

1. Qu'est-ce que tu as ?　　　○　　　● a. J'ai mal aux dents.

2. Où tu as mal ?　　　○　　　● b. Parce que je viens de faire du jogging.

3. Depuis combien de temps ?　○　　　● c. J'ai besoin de médicaments.

4. Tu as besoin de quoi ?　　　○　　　● d. Depuis hier.

5. Pourquoi tu as mal ?　　　○　　　● e. J'ai de la fièvre.

Interculturel

以下のイラストは何を意味しているでしょうか。下の表現とつなげましょう。Retrouvez le sens de chaque ♪ 2-39
image.

a.

Les doigts dans le nez !

b.

le bouche à oreille

c.

Elle a les dents longues.

d.

On a mal aux cheveux.

e.

comme un cheveu sur la soupe

f.

Mon œil !

g.

Ne fais pas la tête.

h.

J'en ai plein le dos.

i.

faire des pieds et des mains

j.

Ça me fait une belle jambe !

（語群）

1. Un secret passe !   2. Pas content !   3. Problème !   4. Tous les moyens !

5. Ambitieuse !   6. Whisky !   7. Stop !   8. Pas utile.   9. Mensonge !

10. Facile !

9

Production

音声を聞き以下の質問に答えましょう。Écoutez et répondez aux questions. ♪ 2-40

1 Qui parle ?

2 Quel âge a-t-elle ?

3 Où est-ce qu'elle habite ?

4 Pourquoi ne va-t-elle pas à la faculté ?

5 Qu'est-ce qu'elle va faire ?

>> やってみよう！
別冊問題集　E, F, G, H

Qu'est-ce que Maxime a fait hier soir ?

過去の出来事を語る / 直説法複合過去 / e にかかわる音の聞き分け

Introduction

♪ 2-41 | **Situation 1**

昨夜マクシムは何をしましたか。Qu'est-ce que Maxime a fait hier soir ?

☐ Il a écrit des courriels à ses amis.　　☐ Il est allé au cinéma.

☐ Il s'est couché tôt.　　　　　　　　☐ Il a lu un roman policier.

♪ 2-42 | **Situation 2**

正しい方を選びましょう。Vrai ou faux

1. Enfant, Thomas a habité aux États-Unis.　　　　　vrai / faux

2. Il a souvent changé d'école.　　　　　　　　　　vrai / faux

Exercices d'écoute

♪ 2-43 | A　動詞の活用について音声を聞いて、まず現在形か複合過去形かチェックしましょう。Écoutez et cochez.

	1	2	3	4	5	6
présent 現在						
passé composé 複合過去						

♪ 2-44 | B　音声を聞いて、チェックしましょう。Écoutez et cochez.

	1	2	3	4	5	6
présent 現在						
passé composé 複合過去						

♪ 2-45 | C　音声を聞いて、正しい順に並べましょう。Remettez dans l'ordre.

❶ (bien / pas / tu / dormi / n'as) ?

❷ (parler / vous / déjà / avez / entendu) de ce pianiste ?

❸ Hier, (venue / elle / est / travailler).

❹ (se / mes / levées / sont / sœurs) tard pour arriver à l'école à l'heure.

直説法複合過去 le passé composé

manger ♪ 2-46

j'	ai mangé	nous	avons mangé
tu	as mangé	vous	avez mangé
il	a mangé	ils	ont mangé
elle	a mangé	elles	ont mangé

partir ♪ 2-47

je	suis parti(e)	nous	sommes parti(e)s
tu	es parti(e)	vous	êtes parti(e)(s)
il	est parti	ils	sont partis
elle	est partie	elles	sont parties

完了した過去の出来事を語るのに用いる。

形態は「助動詞 avoir、être ＋過去分詞」。

規則動詞の過去分詞：第 1 群規則動詞 -er → -é　ex. manger → mangé　Ils ont mangé au restaurant.

　　　　　　　　　　第 2 群規則動詞 -ir → -i　ex. finir → fini　Elle est partie à 10h.

不規則動詞：avoir(eu), être(été), faire(fait), prendre(pris), écrire(écrit)...

助動詞が être の場合は、過去分詞を主語の性数に一致。

助動詞に être をとるのは往来発着、状態の変化に関する自動詞。

arriver, descendre(descendu), devenir(devenu), entrer, monter, mourir(mort), naître(né), partir, rester, sortir, venir(venu) など。

代名動詞

se lever ♪ 2-48

je	me suis levé(e)	nous	nous sommes levé(e)s
tu	t'es levé(e)	vous	vous êtes levé(e)(s)
il	s'est levé	ils	se sont levés
elle	s'est levée	elles	se sont levées

形態は「再帰代名詞＋助動詞 être ＋過去分詞」。

過去分詞は、再帰代名詞が直接目的補語のとき、主語の性数に一致。

否定文　Je n'ai pas encore fini mes devoirs.　　Elle n'est pas sortie hier.　Tu ne t'es pas levé.

疑問文　Avez-vous déjà fait du ski ?　　Ce matin, tu t'es levé à quelle heure ?　T'es-tu levé ?

>> やってみよう！
別冊問題集　A, B, C, D, E, F

10

\ Phonétique　**e, eu, œu [ə] [œ] [ø] /é [e]** /

e と é の音を聞き分け、é の音に○をつけましょう。　　♪ 2-49

1　Tous les mardis, elles vont à la cafétéria.

2　Où as-tu acheté ce pâté et cette terrine?

3　Il a préféré commander des pâtes au parmesan.

Pause Café ひとつの文を自然なスピードで発音した時に落ちる e に○をつけましょう。　　♪ 2-50

1　Le mardi, je mange une pizza.

2　Le mardi, je mange une pizza. （自然なスピード）

3　Arrêtez tout de suite !

4　Arrêtez tout de suite !（自然なスピード）

5　On n'a que peu de temps.

6　On n'a que peu de temps. （自然なスピード）

Exercices d'application

♪ 2-51 A 友達どうしで質問し合ってみましょう。完成した文で答えましょう。Posez des questions à votre voisin(e).

1. Es-tu déjà allé à l'étranger ? Dans quel pays ? Avec qui ? Quand ?

2. As-tu déjà fait du ski ? Quand ? Avec qui ? Où ?

3. As-tu déjà mangé de la viande de cheval crue ? Quand ? Où ? Avec qui ?

♪ 2-52 B アニメ映画監督 Paul Grimault（1905-1994）の生涯を複合過去で話しましょう。Racontez la vie de Paul Grimault au passé composé.

- Le 23 mars 1905, Paul Grimault naît à Neuilly-sur-Seine.

  → Paul Grimault est né le 23 mars 1905 à Neuilly-sur-Seine.

- En 1916, il s'installe avec ses parents à Paris et entre dans une école de dessin.

- Entre 1919 et 1929, il travaille dans une agence de publicité.

- En 1929, il rencontre le poète Jacques Prévert.

- En 1936, il crée la société de films *Les Gémeaux*.

- En 1947, il commence le film *La Bergère et le Ramoneur* avec Prévert.

- Entre 1976 et 1980, il finit le film : *Le Roi et l'Oiseau*.

- En 1980, le film sort. Quel succès !

♪ 2-53 C 文を作って質問してみましょう。Composez des phrases.

以下の表にある主語と動詞をつなげて、文を作りましょう。次にペアを組み、質問をしてみましょう。当たったら続けて、相手に次の質問をしましょう。外れたら、交代しましょう。Verbes à combiner avec les sujets ci-dessous. Devinez les phrases composées par votre voisin(e).

＜動詞表現リスト＞

aller à Roppongi   acheter des souvenirs   être malade

perdre (>perdu) son passeport   faire l'ascension du Mont Fuji

se baigner dans un onsen   faire de la calligraphie

本人記入欄	ペア記入欄
Le Petit Prince _____	Le Petit Prince _____
L'Ogre _____	L'Ogre _____
Momotaro _____	Momotaro _____
La Belle au bois dormant et Blanche-Neige __ _____	La Belle au bois dormant et Blanche-Neige __ _____
Les Français, vous _____	Les Français, vous _____
Nous _____	Nous _____
Je _____	Je _____

Exemple

A : Est-ce que l'Ogre a fait l'ascension du Mont Fuji ?

B : Oui, il a fait l'ascension du Mont Fuji.

B : Non, il n'a pas fait l'ascension du Mont Fuji.

Interculturel

フランスの学校

Le rythme scolaire en France est assez différent. Si on est habitué au rythme japonais, on trouve que les enfants français ont beaucoup de vacances. L'année scolaire commence au début septembre et en fin octobre, les premières vacances arrivent (une ou deux semaines). En général, il y a deux semaines de vacances toutes les sept semaines. Les grandes vacances commencent au début juillet et durent deux mois. Mais la journée de classe est plus longue : elle dure de 8h30 à 15h30 à l'école primaire.

Vrai ou faux

❶ Le rythme scolaire en France n'est pas le même qu'au Japon.   vrai / faux

❷ Les enfants français ont beaucoup de vacances.   vrai / faux

❸ L'année scolaire française commence en automne.   vrai / faux

❹ Les grandes vacances durent un mois.   vrai / faux

❺ La journée de classe au Japon est plus longue.   vrai / faux

Production

以下の表現を参考に、最近した旅行について話してください。Racontez vos dernières vacances en vous aidant des expressions ci-dessous.

Exemple

> Cet été, je suis allé à Okinawa avec des amis. Nous sommes allés tous les jours à la mer. Nous nous sommes beaucoup baignés. Tous les soirs nous avons mangé au restaurant. Nous avons visité le château de Shuri. Nous avons fait du shopping. Nous nous sommes bien reposés.

Vocabulaire			
faire du ski	se baigner	aller au restaurant	faire du shopping
se promener	se reposer	visiter les musées	prendre l'avion
faire du sport	...		

☞ tout を使った表現は Appendice p.56 を参照

10

≫ やってみよう！
別冊問題集　G, H

Leçon 11

Avant, il y avait...

過去の思い出を語る / 直説法半過去 / J'ai été, J'étais の音

Introduction

Situation

2-56

音声を聞いてふさわしいイメージを選びましょう。Choisissez la bonne image.

ヒント：s'envoyer　互いに送る、lettres　手紙、réseaux sociaux　ソーシャルネットワーク

Exercices d'écoute

♪ A　音声を聞き、現在形と複合過去形が使われている文をチェックしましょう。Écoutez et cochez.

2-57

1	2	3	4	5

♪ B　音声を聞き、繰り返しましょう。Écoutez et répétez.

2-58

❶ j'habitais / nous habitions / vous habitiez

❷ tu étais / il était / elles étaient

❸ je faisais / il faisait / nous faisions

❹ il y avait / il n'y avait pas

❺ j'avais / tu avais / vous aviez

♪ C　音声を聞いて、複合過去と半過去のいずれが読まれたか○をつけましょう。Écoutez et choisissez la

2-59

bonne réponse.

Quand il (est allé / allait) à Kyoto avec des amis, il y (a eu / avait) du soleil. Ils (ont visité / visitaient)

le Temple Kiyomizu. La vue (a été / était) très belle. Ils (ont pris / prenaient) beaucoup de photos. Ils

(ont aimé / aimaient) cette ville.

半過去（未完了過去）l'imparfait

過去の一時点における行動や状態、過去の習慣をあらわすために用いられる時制。
半過去形の語幹は、現在形の nous から語尾〜 ons をとりのぞいたもの。

donner 与える ♪ 2-60

je	donnais	nous	donnions
tu	donnais	vous	donniez
il / elle / on	donnait	ils / elles	donnaient

例外 : être / j'étais, tu étais, il était, nous étions, vous étiez, ils étaient

以下の表をうめてみましょう。

	現在形	半過去形
avoir	nous	j'
parler	nous	tu
faire	nous	il
prendre	nous	vous
vouloir	nous	nous
aller	nous	ils

Quand j'étais petit, je faisais du piano.
J'habitais à Pékin il y a 10 ans.
Avant je fumais. Maintenant, je ne fume plus.
J'ai visité le château de Versailles. Il y avait du monde.

>> やってみよう！
別冊問題集　A, B, C, D, E

\ **Phonétique** **sons [e] [ɛ]** /

A　音声をきいて、聞こえた方にチェックしてください。Écoutez et cochez.　♪ 2-61

1 □ J'ai travaillé　　□ Je travaillais

2 □ J'ai mangé　　□ Je mangeais

3 □ J'ai été　　□ J'étais

4 □ J'ai donné　　□ Je donnais

5 □ J'ai parlé　　□ Je parlais

B　A の選択肢を聞いて、繰り返しましょう。Écoutez et répétez.　♪ 2-62

11

Exercices d'application

♪ A 以下の動詞リストと主語を自由に結びつけて、半過去をつかった文を作りましょう。できあがったら、
2-63　ペアを組み、相手が作った文章をあてましょう。 Verbes à combiner avec les sujets ci-dessous. Devinez les
phrases composées par votre voisin.

| aimer danser | aimer lire | avoir un petit oiseau | attendre le prince charmant | être timide |

Exemple ♪
2-64

Agnès Varda était timide.

Quand il / elle était petit(e), ils étaient petits, vous étiez petit(e)

本人記入欄	ペア記入欄
Marcel Proust _____	Marcel Proust _____
Cendrillon _____	Cendrillon _____
Agnès Varda _____	Agnès Varda _____
Sartre et Beauvoir _____	Sartre et Beauvoir _____
Madame Marie-Antoinette, vous _____	Madame Marie-Antoinette, vous _____

♪ B 言葉とイメージを結びつけましょう。 Associez les expressions avec les images.
2-65

| 1. Il fait beau. | 2. Il y a du vent. | 3. Il pleut. | 4. Il fait chaud. | 5. Il neige. |

C ペアを組み例のように質問しましょう。Bの表現と、下の文を使うこと。 Posez des questions à votre
voisin(e) comme dans l'exemple, en utilisant des expressions de l'exercice B.

Exemple ♪
2-66

Hier, nous ne sommes pas sortis. – Pourquoi ? – Parce qu'il pleuvait.

Hier, nous ne sommes pas sortis.

Hier, je suis allé(e) à la plage.

Hier, j'ai perdu mon chapeau.

Hier, j'ai pris froid.

Hier, j'ai mangé une glace.

Interculturel

以下は 1585 年に宣教師ルイス・フロイスが日本とヨーロッパを比較した文章です。読んで以下の問いに答 ♪ 2-67
えましょう。Dans son livre de 1585 Luis Frois compare le Japon et l'Europe. Lisez et comprenez.

甘いもの　Autant en Europe les gens aiment les pâtisseries, autant au Japon ils apprécient les choses salées.

女の名前　Chez nous, les prénoms des femmes sont empruntés aux saintes ; ceux des Japonaises sont : marmite, grue, tortue, espadrille, thé, roseau, etc.

箸　Nous mangeons toute chose avec nos doigts ; les Japonais, hommes et femmes, dès l'enfance, utilisent deux baguettes.

花束　En signe d'amitiés, en Europe, nous offrons un bouquet de roses ; les Japonais offrent seulement une rose ou un œillet.

VRAI ou FAUX

Au XVIᵉ siècle, en Europe, on n'utilisait pas de fourchette.　　　vrai / faux

Au XVIᵉ siècle, les prénoms des Japonaises étaient parfois des objets.　　　vrai / faux

Au XVIᵉ siècle, les Japonais n'aimaient pas les desserts.　　　vrai / faux

Production

A　3人の話をききましょう。過去のことを話しているのか、現在のことを話しているのか考えましょう。 ♪ 2-68
Écoutez et indiquez s'il s'agit du présent ou de l'imparfait.

❶ □ 現在　　□ 過去

❷ □ 現在　　□ 過去

❸ □ 現在　　□ 過去

B　子供の頃の思い出を半過去を用いて話しましょう。Racontez à l'imparfait vos souvenirs d'enfance.

> Exemple 2-69
>
> J'habitais à Paris. Mais j'allais en vacances en Corse. J'aimais regarder la mer et parler avec mes grands-parents. Ils avaient une petite maison. Avec mon frère, on étudiait dans une école et je faisais du sport avec mes amis. C'était mieux quand j'étais petit.

>> やってみよう！
別冊問題集　F, G

11

Leçon 12

Et toi, du couscous, tu en as déjà mangé ?

繰り返しを避ける表現 / 補語人称代名詞、中性代名詞 / リズムグループ

Introduction

2-70

Situation 1

イネスはエンゾーから何を貸してほしいのですか。Inès voudrait qu'Enzo lui prête quoi ?

a. son livre　　　b. son ballon　　　c. sa flûte

2-71

Situation 2

アナイスはどこに滞在していたのでしょうか。Anaïs est restée longtemps où ?

a. au Canada　　　b. au Mexique　　　c. au Japon

Exercices d'écoute

♪ A　フランス語の文を聞き、そこに含まれる補語人称代名詞を選びましょう。Qu'avez-vous entendu ?
2-72　Remplissez le tableau.

a. me (m')　　　　b. te (t')　　　　c. le / la (l')　　　d. lui

e. nous　　　　　f. vous　　　　　g. les　　　　　h. leur

1	2	3	4	5	6

♪ B　フランス語の文を聞き、そこに含まれる中性代名詞を選びましょう。Qu'avez-vous entendu ? Remplissez
2-73　le tableau.

a. en　　　　　　b. y

1	2	3	4

♪ C　以下の語を並べかえましょう。Remettez dans l'ordre.
2-74

❶ (donnes / me / le / tu) ? — Non, (pas / je / te / donne / ne / le).

❷ (a / lui / pas / téléphoné / il / ne) hier ? — Non, (il / message / lui / écrit / a / un).

❸ Les photos, vous (prendre / en / aimez) ? — Moi, (en / aime / je / prendre / n' / pas), mais mon frère adore ça.

主語	直接目的補語	間接目的補語
je	me(m')	me(m')
tu	te(t')	te(t')
il	le(l')	lui
elle	la(l')	lui
nous	nous	nous
vous	vous	vous
ils	les	leur
elles	les	leur

直接目的補語が 3 人称単数、あるいは 3 人称複数（le, la, les）の時、1 つの文の中で直接目的補語と間接目的補語の両方を用いることができる。（ ）内は否定文の場合。

主語（ne）　me, te / nous, vous　le / la / les　lui / leur　動詞（pas）

母音または無音の h ではじまる単語の前ではかっこ内の形。

◎中性代名詞

Y　1.「場所を表す前置詞＋場所」にかわる。「そこに」「そこへ」　J'y vais demain.
　　2.「à ＋もの」にかわる。「それに」「それを」　Tu penses à ton avenir ? — Oui, j'y pense.

en　1. 部分冠詞、複数の不定冠詞のついた直接目的語にかわる。　Ils n'en mangent pas du tout.
　　2. 数詞や数量表現とともに用いる。　J'en ai trouvé (un) dans un magasin.
　　3.「de ＋もの」にかわる。　J'en ai besoin.

>> やってみよう！
別冊問題集　A, B, C, D, E

Phonétique　groupes rythmiques

フランス語では、リズムグループの最後の音節にアクセントが置かれます。このリズムグループに含まれる単語群は、ポーズを置くことなく連続して読まれます。内容理解にはこのリズムグループを理解することが大事です。

A　音声を聞き、« ni(ni)na » で置き換えてリズムグループをとらえましょう。Écoutez et repérez les groupes rythmiques en replaçant les syllabes par « ninina ». ♪ 2-75

B　次の文をリズムグループに分けるとともに、アクセントが置かれるところに下線を引きましょう。それから音読し、音声と比べてみましょう。Répétez les groupes rythmiques et soulignez la syllabe accentuée. ♪ 2-76

1. Il visite tous les musées.
2. L'hippopotame du zoo de Vincennes s'est échappé.
3. Tous les mardis, Joël va voir sa mère.
4. Je vous sers quoi, madame ?

12

Exercices d'application

A　スーパーの中のどこに自分がいるかを決めましょう。例にならって、友達どうしで質問し、お互いの場所を当ててみましょう。Choisissez l'endroit où vous êtes dans le supermarché. Posez des questions à votre voisin et essayez de trouver où il est.

> **Exemple** ♪ 2-78
>
> - Est-ce que tu vois **les surgelés** ?
> - Oui, je **les** vois. / Non, je ne **les** vois pas.
> - Et **le lait** ?
> - Oui, je **le** vois. / Non, je ne **le** vois pas.

Le pain

La charcuterie

La poissonnerie

La boucherie

**Le lait
Les fromages
Les yaourts**

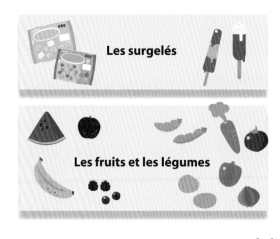
Les surgelés

Les fruits et les légumes

Les vêtements homme

**Les vin
Les alcools**

La papeterie

Le rayon jouet

Les vêtements femme

**L'eau
Les jus de fruits**

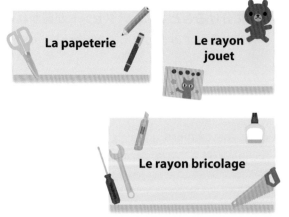
Le rayon bricolage

Les vêtements enfant

L'entrée

Les caisses

50

B Les devinettes

4, 5人のグループを作り、代名詞が何を指すか考えましょう。Formez des groupes de 4 ou 5. Essayez de trouver ce que cache le pronom. Le groupe qui a tout trouvé le premier (sans se tromper !) a gagné.

❶ On en mange beaucoup en Italie.

❷ On se les lave avant de manger.

❸ On en donne pour les anniversaires.

❹ On les enlève quand on entre dans une maison au Japon.

❺ On l'utilise quand il pleut.

❻ On en met quand on ne voit pas bien.

❼ On les utilise pour ouvrir une porte.

❽ On en a besoin pour aller à l'étranger.

❾ On lui dit bonjour quand on entre dans la classe.

❿ On peut tout leur dire.

⓫ On y va le soir pour se coucher.

⓬ On l'attend le matin pour aller au travail.

⓭ On passe sa semaine à l'attendre.

⓮ Il faut les laver tous les soirs.

⓯ Il faut l'éteindre avant de sortir de la maison.

⓰ On va le voir quand on est malade.

⓱ On les emmène en promenade tous les jours.

⓲ On leur téléphone souvent.

⓳ On leur offre une glace quand ils sont bien sages.

⓴ On en achète à la pharmacie.

Vocabulaire					
des pâtes	les chiens	le week-end	les chaussures	le parapluie	aux enfants
des lunettes	au professeur	au lit	aux amis	un passeport	les dents	la lumière
les mains	le métro	le médecin	des cadeaux	aux parents	des médicaments	les clés

12

Interculturel

 カナダの家庭生活

2-79

音声を聞き、以下の語彙リストを用いて下線部を埋めましょう。Dictée.

Au Canada, ce sont _____ qui font la plus grande part des _____ . En 2015, les femmes passent presque _____ à ces tâches ; _____ y passent un peu moins de deux heures. Avec le temps, la _____ se réduit peu à peu mais elle reste importante. De la même façon, les femmes passent plus de temps à _____ des enfants que les hommes. Mais, comparé aux _____ anglophones des Prairies, c'est au Québec que les hommes _____ le plus dans les tâches ménagères. Sans doute, parce que dans cette province canadienne, ils peuvent bénéficier d'un _____ rémunéré de cinq semaines.

> **Vocabulaire**
>
> province 地方　　　tâches ménagères 家事　　　congé paternité 父親のとる育児休暇
> s'impliquer 携わる　　　s'occuper 面倒を見る　　　bénéficier de 〜の恩恵を受ける
> rémunéré 有給の

Production

あなたは家事を分担しますか。隣の人に質問してみましょう。Chez vous, participez vous aux tâches ménagères ? Posez des questions à votre voisin(e).

Exemple 2-80

1. A : Est-ce que tu fais la vaisselle ?
   B : Oui, je la fais le soir. / Non, je ne la fais pas.

2. A : Est-ce que tu participes aux tâches ménagères chez toi ?
   B : Chez mes parents, je fais la vaisselle. Le week-end, je fais le ménage dans ma chambre. Et toi ?
   A : Je suis seule. Alors, je fais tout : je fais la cuisine, le ménage, la vaisselle et les courses.

> **Vocabulaire**
>
> faire la vaisselle faire la cuisine faire la lessive
> repasser faire le ménage s'occuper des enfants
> bricoler s'occuper du jardin ....

>> やってみよう！
別冊問題集　F, G

52

綴り字と発音　Orthographe et prononciation

母音字ひとつ

a, à, â : [a][ɑ] Paris, Canada, table, là, câble

e : [e][ɛ]/ 発音されない（あるいは [ə]）

単語の終わり→発音されない。France, Suisse

単語の終わり→後ろに子音字→ [e][ɛ] bouquet

単語の途中→後ろの子音字がひとつ→発音されない（あるいは [ə]）

　　　　　　　Danemark, melon

単語の途中→後ろの子音字がふたつ以上→ [e][ɛ]

　　　　　　　Mexique, restaurant

é, è, ê, ë : [e] Algérie, Corée, café, [ɛ] Norvège, kilomètre, crêpe, Noël

i, î, ï, y : [i] ski, île, style, égoïste, bicyclette

o, ô : [o] Monaco, [ɔ] contrôle

u, û : [y] Tunisie, flûte

母音字の組み合わせ

ai, ei : [ɛ] Malaisie, Seine

eu, œu : [ø] Europe, [œ] hors d'œuvre

au, eau : [o][ɔ] Mauritanie, Bordeaux

ou : [u] Pérou

oi : [wa] Côte d'Ivoire

母音字 + m, n + 子音字

am, an, em, en : [ɑ̃] Zambie, Soudan, exemple, client

om, on : [ɔ̃] nom, Japon

im, in, ym, yn, aim, ain, ein : [ɛ̃] important, Singapour, symphonie, syntaxe, faim, pain, plein

(um, un : [œ̃] un parfum)

母音字 + l, ll

aill, ail : [aj] travail

eill, eil : [ɛj] réveil

ill : [ij] famille, bouillon

II.　子音字

語末の子音字は発音しない場合が多い。

Corée du Nord, Luxembourg, beaucoup, alphabet, appartement, prix

ただし、単語によっては発音するものもある（とくに語末の crfl は読むことが多い）。

sac, Corée du Sud, chef, gel, cap, mer, but, index, gaz

c [k][s]

　後ろにつづく母音字が a, o, u → [k] cacao, écologie, Cuba, occasion

　後ろにつづく母音字が e, i, y → [s] ce, pacifique, cynique

　後ろに子音字が続く → [k] Clairo

　cc の後ろにつづく母音字が e, i, y → [ks] accès

ç [s] français

g [g][j]

　後ろにつづく母音字が a, o, u → [g] Gabon, Congo, aigu

　後ろにつづく母音字が e, i, y → [j] Géorgie, gymnase

　後ろに子音字が続く → [g] glace

　gu の後ろにつづく母音字が e, i, y → [g] langue

h 常に発音しない。Haïti, haute couture, hôtel

　*「有音の」h　　haine, haricot, héros, Le Havre, Honduras

gn [ɲ] champagne, magnifique

qu [k] question

th [t] cathédrale, théâtre

s [s][z]

　母音字にはさまれた場合→ [z] Brésil

　それ以外→ [s] Samoa, Pakistan

x [ks][z]

　母音にはさまれた場合 → [z] exercice

liaison : les États-Unis

enchaînement : elle‿a

élision : l'état

挨拶

Bonjour. Bonsoir. Salut.

Ça va ? Comment allez-vous ? Enchanté(e).

Au revoir. Bonne journée. À demain. À tout à l'heure. À plus.

数字　les nombres

1 un	2 deux	3 trois	4 quatre	5 cinq
6 six	7 sept	8 huit	9 neuf	10 dix
11 onze	12 douze	13 treize	14 quatorze	15 quinze
16 seize	17 dix-sept	18 dix-huit	19 dix-neuf	20 vingt
21 vingt-et-un	22 vingt-deux...			30 trente
31 trente-et-un	40 quarante	41 quarante-et-un		
50 cinquante	51 cinquante-et-un	60 soixante	61 soixante-et-un	
70 soixante	71 soixante-et-onze	80 quatre-vingts	81 quatre-vingt-un	
90 quatre-vingt-dix	91 quatre-vingt-onze	100 cent	1000 mille	

21、31、41、51、61、71 について et がつくことに注意。

Un et un font deux.　1＋1＝2　　　　Trois moins un égale deux.　3－1＝2

Quatre fois cinq font vingt.　4×5＝20　　Quinze divisé par trois égale cinq.　15÷3＝5

序数

1 premier, première	2 deuxième, second(e)	3 troisième	4 quatrième	5 cinquième
6 sixième	7 septième	8 huitième	9 neuvième	10 dixième
11 onzième	12 douzième	13 treizième	14 quatorzième	15 quinzième
16 seizième	17 dix-septième	18 dix-huitième	19 dix-neuvième	20 vingtième
21 vingt-et-unième......				

天気　la météo

Il fait...

Il fait beau / mauvais / chaud / froid / frais / doux / humide / nuageux...

Il fait 25 degrés.

Il fait un beau temps / Il fait un temps sec...

Il y a...

Il y a du soleil / du vent / des nuages / un orage / une tempête.

Il...

Il pleut / Il neige.

♪ avoir を使った表現

avoir 数 ans（年齢）

avoir mal / faim / froid / chaud / sommeil / soif / peur /

avoir envie de / besoin de / l'air 形容詞　など

♪ 時間　l'heure

12 時間方式	24 時間方式
Il est une heure (du matin).	Il est une heure.
Il est une heure (de l'après-midi).	Il est treize heures.
Il est neuf heures (du soir).	Il est vingt-et-une heures.
Il est quatre heures et quart.	Il est seize heures quinze.
Il est quatre heures et demie.	Il est seize heures trente.
Il est cinq heures moins le quart.	Il est seize heures quarante-cinq.
Il est cinq heures moins dix.	Il est seize heures cinquante.
Il est midi. / Il est minuit.	Il est douze heures. Il est zéro heure.

le matin / l'après-midi / le soir / la nuit

Quelle heure est-il ?　　Il est quelle heure ?

Vous avez l'heure, s'il vous plaît ?　　Tu as l'heure, s'il te plaît ?

À quelle heure on se retrouve ?　　On se retrouve à quelle heure ?

♪ 曜日 les jours de la semaine

lundi, mardi, mercredi, jeudi, vendredi, samedi, dimanche

C'est (Nous sommes / On est) quel jour ? - C'est (Nous sommes / On est) mardi.

Samedi, j'ai un rendez-vous.

Le samedi, je vais à la salle de sport.

À samedi !

La semaine, je vais à la faculté. Le week-end, je me repose.

♪ 月 les mois de l'année

janvier, février, mars, avril, mai, juin, juillet, août, septembre, octobre, novembre, décembre

Je vais au Canada en septembre.

Le premier janvier, c'est le jour de l'an.

C'est (Nous sommes / On est) le combien ? - C'est (Nous sommes / On est) le 4 juin.

時間表現

aujourd'hui

hier　　　　il y a　　　　　depuis　de ~ à　dernier(ière)

demain　　prochain(e)　　　dans

Tout を使った時間や頻度にかかわる表現

toute la journée 一日中　　tout le temps ずっと　　toute la vie 一生

tous les jours 毎日　　tous les deux jours 2日に1度

toutes les semaines 毎週　　toutes les sept semaines 7週間に1度

家族

grand-père　　grand-mère　　grands-parents　　père　　mère　　parents

fils　　fille　　frère　　sœur　　petits-enfants　　beau-père　　belle-mère

cousin　　cousine　　oncle　　tante　　neveu　　nièce

趣味

音楽
le jazz/ la k-pop / la j-pop / la musique classique / le rock

映画
les films d'action / les films d'amour / les films d'horreur / les films d'animation / les séries

季節
le printemps / l'été / l'automne / l'hiver

環境
la ville / la campagne / la mer / la montagne

形容詞

C'est petit / c'est grand / c'est gros.

C'est rond / c'est carré / c'est plat.

C'est rouge / c'est bleu / c'est vert...

C'est dur / c'est mou.

Ça sert à + infinitif.

beau

	単数	複数
男性	beau（bel）	beaux
女性	belle	belles

nouveau

	単数	複数
男性	nouveau（nouvel）	nouveaux
女性	nouvelle	nouvelles

vieux

	単数	複数
男性	vieux（vieil）	vieux
女性	vieille	vieilles

注：これらの形容詞は全て名詞の前に置かれる。（　）に記した男性第2形は、
　　後に母音ないし無音のhから始まる名詞が続く場合に用いる。女性形は、
　　男性第2形から作るのがポイント。

♪
2-95　un beau tableau, un nouvel appartement, une vieille maison, de belles fleurs

♪ 職業
2-96

avocat　　boulanger(ère)　　employé(e)　　journaliste　　médecin　　musicien(ne)

serveur(euse)　　footballeur(euse)

C'est un acteur / une actrice / un musicien(une musicienne) / un professeur(une professeure) / une

chanteuse / un chanteur...

♪ 余暇の活動
2-97

aimer lire / écouter de la musique / voyager / aller au cinéma / chanter dans un chœur

faire du football / faire du tennis / faire du rugby / faire du ski / faire du dessin / faire de la console

jouer au football / jouer aux jeux vidéos

pratiquer la cérémonie du thé

♪ 国籍
2-98

La France	Les Français habitent en France.
Le Japon	Les Japonais habitent au Japon.
Les États-Unis	Les Américains habitent aux États-Unis.
Le Canada	Les Canadiens habitent au Canada.
La Chine	Les Chinois habitent en Chine.
La Belgique	Les Belges habitent en Belgique.

Transcription

Leçon 0

Introduction

C. 1. croissant   2. ratatouille   3. pot-au-feu   4. café au lait   5. crêpe

Alphabet

C. 1. pain   2. tarte   3. quiche

D. Bonjour

Leçon 1

Introduction

Situation 1

La prof : Il y a un problème ? Il y a des questions ?

(...)

       Bon, au revoir alors !

Les étudiants : Au revoir Madame.

Exercices d'écoute

A. 1. Il y a des problèmes.   2. Il y a une question.   3. Il y a des questions.

   4. Il y a des tests.   5. Il y a un problème.   6. Il y a un test.

B. 1. un dictionnaire, une tablette, un stylo

   2 des dictionnaires, des tablettes, des stylos

   3. le dictionnaire, la tablette, le stylo

   4. les dictionnaires, les tablettes, les stylos

   5. un étudiant, une étudiante, des étudiants, des étudiantes

   6. l'étudiant, l'étudiante, les étudiants, les étudiantes

   7. du café, de la viande, de l'eau

Nombres

1. trois questions   2. deux dictionnaires   3. exercice neuf   4. cinq films   5. table six

6. un café   7. une tablette   8. quatre croissants   9. numéro huit

10. Blanche-Neige et les sept nains   11. page dix   12. degré zéro

Leçon 2

Introduction

Situation 1

Léa   : Tu es français ?

Thomas : Non, je suis belge.

Situation 2

J'ai une tablette.

Exercices d'écoute

A. 1. Il est gentil.

2. Je suis français.

3. Nous sommes quatre.

4. Tu es étudiante ?

5. Vous êtes marié ?

B. 1. Tu as des enfants ?

2. Nous avons une voiture rouge.

3. Ils ont 18 ans.

4. J'ai soif.

5. Vous avez froid ?

C. 1. Nous parlons anglais.

2. Ils habitent à Hanoï.

3. Je pense à mon avenir.

4. Vous arrivez à quelle heure ?

5. Il étudie la sociologie.

Phonétique

1. J'arrive demain.

2. C'est où, l'entrée ?

3. Rémi n'est pas français.

4. La train est en retard.

5. C'est l'amie d'Anne.

Interculturel

L'Algérie _est_ un pays francophone. Elle n'est pas dans l'Organisation internationale de la francophonie mais beaucoup d'Algériens (33%) _parlent_ français tous les jours. On _utilise_ le français dans l'éducation et dans les médias.

Leçon 3
Introduction

Situation 1

Vous vous appelez comment ?

Fujita.

Fou…? Comment ça s'écrit ?

Situation 2

Elle se lève à sept heures.

Exercices d'écoute

A. 1. Il est six heures.

2. Il est sept heures.

3. Il est huit heures.

4. Il est neuf heures et demie.

5. Il est dix heures dix.

B. 1. Il est huit heures.

2. Il est dix heures dix.

3. Il est six heures.

4. Il est sept heures.

C. 1. Ça, là, comment ça s'appelle ? Et comment ça s'écrit ?

2. Moi c'est Chloé. Et toi, comment tu t'appelles ?

3. En France, en hiver, le soleil se lève à 8h30.

4. Je me lave les cheveux tous les jours. Et toi ?

5. Vous vous regardez souvent dans le miroir ?

6. Les hommes se maquillent ?

7. On s'habille comment pour le *sotsugyo-shiki* ?

Phonétique

A.

1-2-3-4-5	tu-tu-tout-tout-tu
1-2-3-4-5	tout-tu-tu-tout-tout
1-2-3-4-5	du-doux-doux-du-doux
1-2-3-4-5	mu-mou-mu-mu-mu
1-2-3-4-5	fou-fou-fu-fou-fou

Leçon 4

Introduction

Situation

Mami, es-tu chinoise ? — Non, je ne suis pas chinoise.

Exercices d'écoute

B. 1. Elle ne chante pas très bien.

    2. J'adore la musique classique.

    3. Marie n'aime pas chanter.

    4. On ne regarde pas la télévision le soir.

    5. Vous ne préparez pas de café.

C. 1. Je n'aime pas le chocolat.

    2. Nous n'achetons pas de croissants.

    3. Il ne prend pas de café le soir.

    4. Elle n'étudie pas le français.

    5. Il n'y a pas de lait.

D. 1. Vous avez des questions ?

    2. Il y a du camembert ?

    3. Tu parles espagnol ?

    4. Est-ce que tu es suisse ?

Phonétique

1. C'est Madame Lebrun.

2. Au lit, les enfants !

3. C'est Madame Leblanc.

4. Es-tu italien ?

5. C'est le 21 juin ?

6. Le matin, j'ai sommeil.

7. Il est temps de se coucher.

8. C'est bien ?

Leçon 5

Introduction

Situation 1

C'est Kentaro. Il est sportif, japonais et beau.

Situation 2

C'est Yumi. Elle est sportive, japonaise et très belle.

Exercices d'écoutes

A. 1. le noir   2 le vert   3 le bleu   4 le jaune   5 le rouge   6 le blanc

B. 1. C'est une voiture rouge.

   2. C'est une voiture verte.

   3. C'est une voiture noire.

   4. C'est une voiture blanche.

   5. C'est une voiture jaune.

   6. C'est une voiture bleue.

Production

A. 1. Michel est petit. Il porte un chapeau et un gros pull.

   2. Danièle est grande et blonde. Elle porte un t-shirt rouge et un pantalon noir.

   3. Camille est américain. Il a un sac à la main.

Leçon 6

Introduction

Situation 1

Emma : Hugo, tu vas où en vacances ?

Hugo : Je vais aux Antilles !

Situation 2

Emma : Oh ! Tu as l'air content !

Hugo : Oui, je viens d'avoir vingt ans !

Exercices d'écoute

A. 1. Je vais à Nagoya.

   2. Vous venez de Saïtama ?

   3. Il fait du tennis.

   4. On va au cinéma.

   5. Ils viennent à la maison.

   6. Nous faisons la cuisine ensemble.

B. 1. Je suis au restaurant.

   2. J'étudie à l'université.

   3. Une terrine aux légumes, s'il vous plaît.

   4. La tablette du professeur.

   5. Les questions des étudiants.

C. 1. Vous allez faire quoi ce week-end ?

   2. Mon père vient de se lever.

   3. Nous n'allons pas partir en vacances cet été.

   4. Je viens d'avoir vingt ans.

Phonétique

A. 1. Il est assis sur un banc.

2. Un bon café

3. Un petit pont

4. Regarde la pancarte !

5. L'emploi du temps

6. Madame Leblond

7. Madame Legrand

8. C'est mon pantalon.

Leçon 7

Introduction

Situation 1

Louise, c'est qui ?

C'est ma sœur. Elle a quinze ans.

Situation 2

Elle est comment ?

Elle est plus sportive que moi. Elle fait beaucoup de tennis.

Exercices d'écoute

A. 1. Ma fille s'appelle Louise.

2. Son neveu habite aux États-Unis.

3. Je vais voir mes grands-parents.

4. Je connais bien son fils.

5. Je travaille plus que ma sœur Marie.

6. C'est son université.

7. Voilà mon adresse.

8. C'est ton hôtel.

B. Aya a un chat, Tama et un chien, Potchi. Tama est gros. Potchi est encore très petit. Tama est intelligent mais pas très actif. Potchi est très actif.

Phonétique

A.
1. Oh, deux mots c'est mieux.
2. Allez, joue un peu.
3. Les yeux dans les yeux
4. Tous européens
5. Un fou met le feu.

B.
1. Ta sœur est la meilleure.
2. Nos sœurs ont toujours peur.
3. Leur roman est parfait.
4. Les meilleurs souvenirs.

Interculturel

La France est le pays européen avec le plus de mariages mixtes. Et il y a plus de familles recomposées qu'avant. Vous pensez que dans les formalités administratives à l'école, les catégories les plus normales sont "père" ou "mère" ?

Maintenant, on dit parent 1 et parent 2. Pourquoi ? Parfois, le parent 1 n'est pas le père. C'est le beau-père. Et parfois il y a deux mères.

Leçon 8

Introduction

Situation 1

- Qu'est-ce que c'est ?

- C'est un petit gâteau au chocolat.

Situation 2

- Avec qui tu parles ?

- Avec maman.

Exercices de l'écoute

A. 1. Que faites-vous dans la vie ?

   2. Tu parles avec qui ?

   3. C'est quoi, le problème ?

   4. Qui vient dîner ce soir ?

   5. À quoi bon ?

B. 1. C'est qui ?

   2. Qu'est-ce que c'est ?

   3. Tu regardes quoi ?

   4. Qu'est-ce qui se passe entre vous ?

   5. Qui est-ce que vous attendez ?

C. 1. J'aime un roman de Balzac.

   2. Je prends un gâteau au chocolat.

   3. C'est Samuel, mon fils.

   4. C'est une tarte aux mirabelles. Elle est très bonne.

Phonétique

A. 1. Il habite au Cana**da**. ↓

   2. Je suis boulan**gère**. ↓

   3. Est-ce qu'il fait **froid** ? ↑

   4. Dans mon **pays**, on fait la **sieste**. ↓

Exercices d'application

B. 1. C'est bon.   2. C'est long.   3. C'est rond.

   4. C'est rouge.   5. C'est jaune.   6. C'est bleu.

   7. C'est mou.   8. C'est gros.   9. C'est grand.

   10. C'est petit.

C. 1. Il est japonais. Il habite aux États-Unis. Il est entraîneur de base-ball. **Qui est-ce ?**

   2. C'est long. C'est jaune. C'est sucré. C'est bon.   **Qu'est-ce que c'est ?**

   3. Il est jeune. C'est un sportif. Il est champion olympique.   **Qui est-ce ?**

   4. C'est blanc. C'est liquide. C'est bon avec du thé ou du café.   **Qu'est-ce que c'est ?**

   5. C'est long. C'est en bois ou en bambou. Au Japon, ça sert à manger. **Qu'est-ce que c'est ?**

Interculturel

En France, le sport en club le plus pratiqué, c'est bien sûr le football (presque deux millions de licenciés).
Le tennis arrive en deuxième position, suivi de l'équitation.

Au Québec, comme au Canada, le sport le plus pratiqué, c'est le hockey sur glace. Mais les Québécois
aiment aussi le football, le ski ou la crosse, un sport inventé par les Amérindiens.

Leçon 9

Introduction

Situation

A : Bonjour, docteur.

B : Bonjour madame. Où avez-vous mal ?

A : J'ai mal au ventre.

B : Depuis quand ?

A : Depuis 3 jours.

B : Bon, vous allez prendre des médicaments trois fois par jour.

A : Pendant combien de temps ?

B : Pendant 6 jours.

Exercices d'écoute

A. 1. Quand est-ce que tu viens ? 2. Tu t'appelles comment ? 3. Quel est ton nom ?

   4. Tu aimes quels animaux ? 5. D'où venez-vous ? 6. Pourquoi tu ris ?

   7. Ça coûte combien ?

B. 1. Vous êtes combien ? 2. Quand part le prochain train ?

   3. Comment on va à Hakata ? 4. Quel est son nom ?

   5. Où est-ce qu'il travaille ?

Phonétique

A. 1. le lit / 2. long / 3. l'air / 4. le corps

   5. foulure / 6. allaiter / 7. prix / 8. front

B. mal, hôpital, bras, ventre, opération, médical, lit

   pillule, piqûre, sirop, aspirine, gorge, rhume, cœur

   cerveau, épaule, front, langue, en forme, stress, spécialiste

Exercices d'application

A. le visage, les cheveux, l'œil (les yeux), les oreilles, le nez, la bouche, les dents

   la tête, le ventre, la jambe, le pied, le bras, la main, le doigt, le dos

Production

Je m'appelle Alice. J'ai 20 ans et j'habite à Tokyo depuis l'année dernière pour faire mes études. Mais aujourd'hui je ne vais pas à la fac parce que j'ai mal au ventre. Je vais téléphoner au médecin et prendre un rendez-vous.

Leçon 10

Introduction

Situation 1

- Hier soir, qu'est-ce que tu as fait ?

- Je suis allé au cinéma.

Situation 2

Enfant, j'ai habité dans de nombreux pays : aux États-Unis, au Canada, en Italie… Nous avons souvent déménagé et j'ai souvent changé d'école.

Exercices d'écoute

A. 1. Hier, j'ai acheté une très jolie jupe.

2. Tous les soirs, j'achète deux baguettes à la boulangerie.

3. Paul a choisi un cadeau de Noël pour sa fille.

4. Au restaurant, Karine choisit toujours le poisson.

5. Les touristes ont pris le métro pour aller à la gare.

6. Mes enfants prennent le bus

B. 1. Tu pars à quelle heure ?

2. Sylvie est sortie sans faire de bruit.

3. Nathan est devenu célèbre grâce à Youtube.

4. Je suis né le jour de la Saint-Valentin.

5. Pourquoi vous vous levez si tôt ?

6. Hier soir, Mathilde s'est promenée au bord du lac.

Leçon 11

Introduction

Situation

Avant, pas d'Internet. Il n'y avait pas de téléphone portable. On s'envoyait des lettres.

À présent, on peut s'envoyer des messages avec les réseaux sociaux.

Exercices d'écoute

A. 1. Tu habitais où il y a 10 ans ?   2. Tu habites avec tes parents ?   3. Il y a eu des problèmes.

4. Il y avait une gare.   5. Vous regardez beaucoup la télé ?

C. Quand il est allé à Kyoto avec des amis, il y avait du soleil. Ils ont visité le temple Kiyomizu. La vue était très belle. Ils ont pris beaucoup de photos. Ils aimaient cette ville.

Phonétique

A. 1. J'ai travaillé   2. J'ai mangé   3. J'étais   4. Je donnais   5. Je parlais

Production

A. 1.   Mon ancien appartement était tout petit, mais il y avait un parc. J'aimais beaucoup cet appartement.

2.   De nos jours, les Japonais mangent moins de poisson.

3.   Hier, c'était mon anniversaire. Il y avait de la neige et on ne pouvait pas sortir.

Leçon 12

Introduction

Situation 1

- Tu me le prêtes ?
- Non, il est tout neuf. Je n'ai pas encore joué au foot avec.

Situation 2

- Tu y es restée longtemps ?
- Oui. J'y ai travaillé trois ans. J'habitais à Kyoto.

Exercices d'écoute

A. 1. Esther, je vous présente mon mari, Jonathan.

   2. Mon père habite tout seul. Nous lui écrivons de temps en temps.

   3. Florence me dit : « Comment ça va ? »

   4. Son fils a de la fièvre. Il doit l'emmener chez le médecin.

   5. Tu dois me téléphoner ce soir.

   6. Ces chaussures, je les ai trouvées dans mon magasin favori.

B. 1. Qu'est-ce que tu en penses ?

   2. Au Maroc, j'y suis allé une fois.

   3. Vous avez un ordinateur ? Vous en avez combien ? Vous en avez deux ?

   4. Sa proposition ? Nous y réfléchissons sérieusement.

Phonétique

1. Hier, je suis allée au château de Vincennes.

   na / nininina / nininininina.

2. Tu viens demain soir ?

   nina / ninina.

3. Je voudrais parler à Mme Trousse, s'il vous plaît.

   ninininina / nininina / ninina.

4. Mon cousin a le même âge que toi.

   ninina / nininina / nina.

Interculturel

Au Canada, ce sont **les femmes** qui font la plus grande part des **tâches ménagères**. En 2015, les femmes passent presque **trois heures** à ces tâches ; **les hommes** y passent un peu moins de deux heures. Avec le temps, la **différence** se réduit peu à peu mais elle reste importante. De la même façon, les femmes passent plus de temps à **s'occuper** des enfants que les hommes. Mais, comparé aux **provinces** anglophones des Prairies, c'est au Québec que les hommes **s'impliquent** le plus dans les tâches ménagères. Sans doute, parce que dans cette province canadienne, ils peuvent bénéficier d'un **congé paternité** rémunéré de cinq semaines.

LE FRANÇAIS DANS LE MONDE

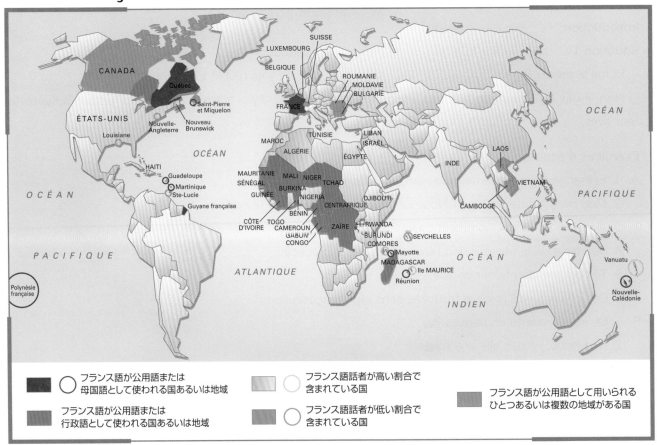

L'OIF EN EUROPE

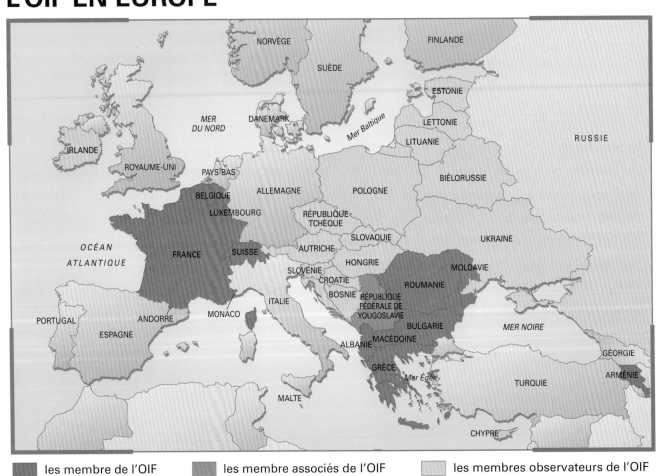

les membre de l'OIF les membre associés de l'OIF les membres observateurs de l'OIF

OIF ＝ 国際フランコフォニー機構。フランコフォニーは民主主義や人権など普遍的な価値観とフランス語を共有する国・地域の総体。（2018 年現在）

（参考：在日フランス大使館 HP）

動 詞 変 化 表

I. aimer   III. être aimé(e)(s)

II. arriver   IV. se lever

1. avoir
2. être
3. parler
4. placer
5. manger
6. acheter
7. appeler
8. préférer
9. employer
10. envoyer
11. aller
12. finir
13. partir
14. courir
15. fuir
16. mourir

17. venir
18. ouvrir
19. rendre
20. mettre
21. battre
22. suivre
23. vivre
24. écrire
25. connaître
26. naître
27. conduire
28. suffire
29. lire
30. plaire
31. dire
32. faire

33. rire
34. croire
35. craindre
36. prendre
37. boire
38. voir
39. asseoir
40. recevoir
41. devoir
42. pouvoir
43. vouloir
44. savoir
45. valoir
46. falloir
47. pleuvoir

不定形・分詞形	直　　説　　法		

I. aimer
aimant
aimé
ayant aimé
（助動詞　avoir）

	現　　　在	半　過　去	単　純　過　去
	j'　aime	j'　aimais	j'　aimai
	tu　aimes	tu　aimais	tu　aimas
	il　aime	il　aimait	il　aima
	nous　aimons	nous　aimions	nous　aimâmes
	vous　aimez	vous　aimiez	vous　aimâtes
	ils　aiment	ils　aimaient	ils　aimèrent

命　令　法	複　合　過　去	大　過　去	前　過　去
aime	j'　ai　aimé	j'　avais　aimé	j'　eus　aimé
	tu　as　aimé	tu　avais　aimé	tu　eus　aimé
	il　a　aimé	il　avait　aimé	il　eut　aimé
aimons	nous　avons　aimé	nous　avions　aimé	nous　eûmes aimé
aimez	vous　avez　aimé	vous　aviez　aimé	vous　eûtes aimé
	ils　ont　aimé	ils　avaient　aimé	ils　eurent aimé

II. arriver
arrivant
arrivé
étant arrivé(e)(s)
（助動詞　être）

	複　合　過　去	大　過　去	前　過　去
	je　suis　arrivé(e)	j'　étais　arrivé(e)	je　fus　arrivé(e)
	tu　es　arrivé(e)	tu　étais　arrivé(e)	tu　fus　arrivé(e)
	il　est　arrivé	il　était　arrivé	il　fut　arrivé
	elle　est　arrivée	elle　était　arrivée	elle　fut　arrivée
	nous　sommes　arrivé(e)s	nous　étions　arrivé(e)s	nous　fûmes　arrivé(e)s
	vous　êtes　arrivé(e)(s)	vous　étiez　arrivé(e)(s)	vous　fûtes　arrivé(e)(s)
	ils　sont　arrivés	ils　étaient　arrivés	ils　furent　arrivés
	elles　sont　arrivées	elles　étaient　arrivées	elles　furent　arrivées

III. être aimé(e)(s)
受動態
étant aimé(e)(s)
ayant été aimé(e)(s)

	現　　　在	半　過　去	単　純　過　去
	je　suis　aimé(e)	j'　étais　aimé(e)	je　fus　aimé(e)
	tu　es　aimé(e)	tu　étais　aimé(e)	tu　fus　aimé(e)
	il　est　aimé	il　était　aimé	il　fut　aimé
	elle　est　aimée	elle　était　aimée	elle　fut　aimé e
	n.　sommes　aimé(e)s	n.　étions　aimé(e)s	n.　fûmes　aimé(e)s
	v.　êtes　aimé(e)(s)	v.　étiez　aimé(e)(s)	v.　fûtes　aimé(e)(s)
	ils　sont　aimés	ils　étaient　aimés	ils　furent　aimés
	elles　sont　aimées	elles　étaient　aimées	elles　furent　aimées

命　令　法	複　合　過　去	大　過　去	前　過　去
sois aimé(e)	j'　ai　été aimé(e)	j'　avais　été aimé(e)	j'　eus　été aimé(e)
	tu　as　été aimé(e)	tu　avais　été aimé(e)	tu　eus　été aimé(e)
	il　a　été aimé	il　avait　été aimé	il　eut　été aimé
soyons aimé(e)s	elle　a　été aimée	elle　avait　été aimée	elle　eut　été aimée
soyez aimé(e)(s)	n.　avons été aimé(e)s	n.　avions　été aimé(e)s	n.　eûmes été aimé(e)s
	v.　avez　été aimé(e)(s)	v.　aviez　été aimé(e)(s)	v.　eûtes été aimé(e)(s)
	ils　ont　été aimés	ils　avaient　été aimés	ils　eurent été aimés
	elles　ont　été aimées	elles　avaient　été aimées	elles　eurent été aimées

IV. se lever
代名動詞
se levant
s'étant levé(e)(s)

	現　　　在	半　過　去	単　純　過　去
	je　me　lève	je　me　levais	je　me　levai
	tu　te　lèves	tu　te　levais	tu　te　levas
	il　se　lève	il　se　levait	il　se　leva
	n.　n.　levons	n.　n.　levions	n.　n.　levâmes
	v.　v.　levez	v.　v.　leviez	v.　v.　levâtes
	ils　se　lèvent	ils　se　levaient	ils　se　levèrent

命　令　法	複　合　過　去	大　過　去	前　過　去
lève-toi	je　me　suis　levé(e)	j'　m'　étais　levé(e)	je　me　fus　levé(e)
	tu　t'　es　levé(e)	tu　t'　étais　levé(e)	tu　te　fus　levé(e)
	il　s'　est　levé	il　s'　était　levé	il　se　fut　levé
levons-nous	elle　s'　est　levée	elle　s'　était　levée	elle　se　fut　levée
levez-vous	n.　n.　sommes　levé(e)s	n.　n.　étions　levé(e)s	n.　n.　fûmes　levé(e)s
	v.　v.　êtes　levé(e)(s)	v.　v.　étiez　levé(e)(s)	v.　v.　fûtes　levé(e)(s)
	ils　se　sont　levés	ils　s'　étaient　levés	ils　se　furent　levés
	elles　se　sont　levées	elles　s'　étaient　levées	elles　se　furent　levées

直　説　法	条　件　法	接　続　法	
単　純　未　来	**現　　在**	**現　　在**	**半　過　去**
j' aimerai	j' aimerais	j' aime	j' aimasse
tu aimeras	tu aimerais	tu aimes	tu aimasses
il aimera	il aimerait	il aime	il aimât
nous aimerons	nous aimerions	nous aimions	nous aimassions
vous aimerez	vous aimeriez	vous aimiez	vous aimassiez
ils aimeront	ils aimeraient	ils aiment	ils aimassent
前　未　来	**過　　去**	**過　　去**	**大　過　去**
j' aurai aimé	j' aurais aimé	j' aie aimé	j' eusse aimé
tu auras aimé	tu aurais aimé	tu aies aimé	tu eusses aimé
il aura aimé	il aurait aimé	il ait aimé	il eût aimé
nous aurons aimé	nous aurions aimé	nous ayons aimé	nous eussions aimé
vous aurez aimé	vous auriez aimé	vous ayez aimé	vous eussiez aimé
ils auront aimé	ils auraient aimé	ils aient aimé	ils eussent aimé
前　未　来	**過　　去**	**過　　去**	**大　過　去**
je serai arrivé(e)	je serais arrivé(e)	je sois arrivé(e)	je fusse arrivé(e)
tu seras arrivé(e)	tu serais arrivé(e)	tu sois arrivé(e)	tu fusses arrivé(e)
il sera arrivé	il serait arrivé	il soit arrivé	il fût arrivé
elle sera arrivée	elle serait arrivée	elle soit arrivée	elle fût arrivée
nous serons arrivé(e)s	nous serions arrivé(e)s	nous soyons arrivé(e)s	nous fussions arrivé(e)s
vous serez arrivé(e)(s)	vous seriez arrivé(e)(s)	vous soyez arrivé(e)(s)	vous fussiez arrivé(e)(s)
ils seront arrivés	ils seraient arrivés	ils soient arrivés	ils fussent arrivés
elles seront arrivées	elles seraient arrivées	elles soient arrivées	elles fussent arrivées
単　純　未　来	**現　　在**	**現　　在**	**半　過　去**
je serai aimé(e)	je serais aimé(e)	je sois aimé(e)	je fusse aimé(e)
tu seras aimé(e)	tu serais aimé(e)	tu sois aimé(e)	tu fusses aimé(e)
il sera aimé	il serait aimé	il soit aimé	il fût aimé
elle sera aimée	elle serait aimée	elle soit aimée	elle fût aimée
n. serons aimé(e)s	n. serions aimé(e)s	n. soyons aimé(e)s	n. fussions aimé(e)s
v. serez aimé(e)(s)	v. seriez aimé(e)(s)	v. soyez aimé(e)(s)	v. fussiez aimé(e)(s)
ils seront aimés	ils seraient aimés	ils soient aimés	ils fussent aimés
elles seront aimées	elles seraient aimées	elles soient aimées	elles fussent aimées
前　未　来	**過　　去**	**過　　去**	**大　過　去**
j' aurai été aimé(e)	j' aurais été aimé(e)	j' aie été aimé(e)	j' eusse été aimé(e)
tu auras été aimé(e)	tu aurais été aimé(e)	tu aies été aimé(e)	tu eusses été aimé(e)
il aura été aimé	il aurait été aimé	il ait été aimé	il eût été aimé
elle aura été aimée	elle aurait été aimée	elle ait été aimée	elle eût été aimée
n. aurons été aimé(e)s	n. aurions été aimé(e)s	n. ayons été aimé(e)s	n. eussions été aimé(e)s
v. aurez été aimé(e)(s)	v. auriez été aimé(e)(s)	v. ayez été aimé(e)(s)	v. eussiez été aimé(e)(s)
ils auront été aimés	ils auraient été aimés	ils aient été aimés	ils eussent été aimés
elles auront été aimées	elles auraient été aimées	elles aient été aimées	elles eussent été aimées
単　純　未　来	**現　　在**	**現　　在**	**半　過　去**
je me lèverai	je me lèverais	je me lève	je me levasse
tu te lèveras	tu te lèverais	tu te lèves	tu te levasses
il se lèvera	il se lèverait	il se lève	il se levât
n. n. lèverons	n. n. lèverions	n. n. levions	n. n. levassions
v. v. lèverez	v. v. lèveriez	v. v. leviez	v. v. levassiez
ils se lèveront	ils se lèveraient	ils se lèvent	ils se levassent
前　未　来	**過　　去**	**過　　去**	**大　過　去**
je me serai levé(e)	je me serais levé(e)	je me sois levé(e)	je me fusse levé(e)
tu te seras levé(e)	tu te serais levé(e)	tu te sois levé(e)	tu te fusses levé(e)
il se sera levé	il se serait levé	il se soit levé	il se fût levé
elle se sera levée	elle se serait levée	elle se soit levée	elle se fût levée
n. n. serons levé(e)s	n. n. serions levé(e)s	n. n. soyons levé(e)s	n. n. fussions levé(e)s
v. v. serez levé(e)(s)	v. v. seriez levé(e)(s)	v. v. soyez levé(e)(s)	v. v. fussiez levé(e)(s)
ils se seront levés	ils se seraient levés	ils se soient levés	ils se fussent levés
elles se seront levées	elles se seraient levées	elles se soient levées	elles se fussent levées

不 定 形 / 分 詞 形	直 説 法			
	現　　在	半　過　去	単　純　過　去	単　純　未　来
1. avoir　もつ　ayant　eu [y]	j' ai tu as il a n. avons v. avez ils ont	j' avais tu avais il avait n. avions v. aviez ils avaient	j' eus [y] tu eus il eut n. eûmes v. eûtes ils eurent	j' aurai tu auras il aura n. aurons v. aurez ils auront
2. être　在る　étant　été	je suis tu es il est n. sommes v. êtes ils sont	j' étais tu étais il était n. étions v. étiez ils étaient	je fus tu fus il fut n. fûmes v. fûtes ils furent	je serai tu seras il sera n. serons v. serez ils seront
3. parler　話す　parlant　parlé	je parle tu parles il parle n. parlons v. parlez ils parlent	je parlais tu parlais il parlait n. parlions v. parliez ils parlaient	je parlai tu parlas il parla n. parlâmes v. parlâtes ils parlèrent	je parlerai tu parleras il parlera n. parlerons v. parlerez ils parleront
4. placer　置く　plaçant　placé	je place tu places il place n. plaçons v. placez ils placent	je plaçais tu plaçais il plaçait n. placions v. placiez ils plaçaient	je plaçai tu plaças il plaça n. plaçâmes v. plaçâtes ils placèrent	je placerai tu placeras il placera n. placerons v. placerez ils placeront
5. manger　食べる　mangeant　mangé	je mange tu manges il mange n. mangeons v. mangez ils mangent	je mangeais tu mangeais il mangeait n. mangions v. mangiez ils mangeaient	je mangeai tu mangeas il mangea n. mangeâmes v. mangeâtes ils mangèrent	je mangerai tu mangeras il mangera n. mangerons v. mangerez ils mangeront
6. acheter　買う　achetant　acheté	j' achète tu achètes il achète n. achetons v. achetez ils achètent	j' achetais tu achetais il achetait n. achetions v. achetiez ils achetaient	j' achetai tu achetas il acheta n. achetâmes v. achetâtes ils achetèrent	j' achèterai tu achèteras il achètera n. achèterons v. achèterez ils achèteront
7. appeler　呼ぶ　appelant　appelé	j' appelle tu appelles il appelle n. appelons v. appelez ils appellent	j' appelais tu appelais il appelait n. appelions v. appeliez ils appelaient	j' appelai tu appelas il appela n. appelâmes v. appelâtes ils appelèrent	j' appellerai tu appelleras il appellera n. appellerons v. appellerez ils appelleront
8. préférer　より好む　préférant　préféré	je préfère tu préfères il préfère n. préférons v. préférez ils préfèrent	je préférais tu préférais il préférait n. préférions v. préfériez ils préféraient	je préférai tu préféras il préféra n. préférâmes v. préférâtes ils préférèrent	je préférerai tu préféreras il préférera n. préférerons v. préférerez ils préféreront

条　件　法		接　　続　　法			命　令　法	同型活用の動詞
現　　在		現　　在		半　過　去	現　　在	（注意）
j' aurais tu aurais il aurait n. aurions v. auriez ils auraient		j' aie tu aies il ait n. ayons v. ayez ils aient		j' eusse tu eusses il eût n. eussions v. eussiez ils eussent	aie ayons ayez	
je serais tu serais il serait n. serions v. seriez ils seraient		je sois tu sois il soit n. soyons v. soyez ils soient		je fusse tu fusses il fût n. fussions v. fussiez ils fussent	sois soyons soyez	
je parlerais tu parlerais il parlerait n. parlerions v. parleriez ils parleraient		je parle tu parles il parle n. parlions v. parliez ils parlent		je parlasse tu parlasses il parlât n. parlassions v. parlassiez ils parlassent	parle parlons parlez	第 1 群規則動詞 （4 型～ 10 型をのぞく）
je placerais tu placerais il placerait n. placerions v. placeriez ils placeraient		je place tu places il place n. placions v. placiez ils placent		je plaçasse tu plaçasses il plaçât n. plaçassions v. plaçassiez ils plaçassent	place plaçons placez	—cer の動詞 annoncer, avancer, commencer, effacer, renoncer など. （a, o の前で c → ç）
je mangerais tu mangerais il mangerait n. mangerions v. mangeriez ils mangeraient		je mange tu manges il mange n. mangions v. mangiez ils mangent		je mangeasse tu mangeasses il mangeât n. mangeassions v. mangeassiez ils mangeassent	mange mangeons mangez	—ger の動詞 arranger, changer, charger, engager, nager, obliger など. （a, o の前で g → ge）
j' achèterais tu achèterais il achèterait n. achèterions v. achèteriez ils achèteraient		j' achète tu achètes il achète n. achetions v. achetiez ils achètent		j' achetasse tu achetasses il achetât n. achetassions v. achetassiez ils achetassent	achète achetons achetez	—e + 子音 + er の動詞 achever, lever, mener など. （7 型をのぞく. e muet を 含む音節の前で e → è）
j' appellerais tu appellerais il appellerait n. appellerions v. appelleriez ils appelleraient		j' appelle tu appelles il appelle n. appelions v. appeliez ils appellent		j' appelasse tu appelasses il appelât n. appelassions v. appelassiez ils appelassent	appelle appelons appelez	—eter, —eler の動詞 jeter, rappeler など. （6 型のものもある. e muet の前で t, l を重ね る）
je préférerais tu préférerais il préférerait n. préférerions v. préféreriez ils préféreraient		je préfère tu préfères il préfère n. préférions v. préfériez ils préfèrent		je préférasse tu préférasses il préférât n. préférassions v. préférassiez ils préférassent	préfère préférons préférez	—é + 子音 + er の動詞 céder, espérer, opérer, répéter など. （e muet を含む語末音節 の前で é → è）

不 定 形 分 詞 形	直　　説　　法			
	現　　在	半　過　去	単　純　過　去	単　純　未　来
9. employer 使う employant employé	j' emploie tu emploies il emploie n. employons v. employez ils emploient	j' employais tu employais il employait n. employions v. employiez ils employaient	j' employai tu employas il employa n. employâmes v. employâtes ils employèrent	j' emploierai tu emploieras il emploiera n. emploierons v. emploierez ils emploieront
10. envoyer 送る envoyant envoyé	j' envoie tu envoies il envoie n. envoyons v. envoyez ils envoient	j' envoyais tu envoyais il envoyait n. envoyions v. envoyiez ils envoyaient	j' envoyai tu envoyas il envoya n. envoyâmes v. envoyâtes ils envoyèrent	j' enverrai tu enverras il enverra n. enverrons v. enverrez ils enverront
11. aller 行く allant allé	je vais tu vas il va n. allons v. allez ils vont	j' allais tu allais il allait n. allions v. alliez ils allaient	j' allai tu allas il alla n. allâmes v. allâtes ils allèrent	j' irai tu iras il ira n. irons v. irez ils iront
12. finir 終える finissant fini	je finis tu finis il finit n. finissons v. finissez ils finissent	je finissais tu finissais il finissait n. finissions v. finissiez ils finissaient	je finis tu finis il finit n. finîmes v. finîtes ils finirent	je finirai tu finiras il finira n. finirons v. finirez ils finiront
13. partir 出発する partant parti	je pars tu pars il part n. partons v. partez ils partent	je partais tu partais il partait n. partions v. partiez ils partaient	je partis tu partis il partit n. partîmes v. partîtes ils partirent	je partirai tu partiras il partira n. partirons v. partirez ils partiront
14. courir 走る courant couru	je cours tu cours il court n. courons v. courez ils courent	je courais tu courais il courait n. courions v. couriez ils couraient	je courus tu courus il courut n. courûmes v. courûtes ils coururent	je courrai tu courras il courra n. courrons v. courrez ils courront
15. fuir 逃げる fuyant fui	je fuis tu fuis il fuit n. fuyons v. fuyez ils fuient	je fuyais tu fuyais il fuyait n. fuyions v. fuyiez ils fuyaient	je fuis tu fuis il fuit n. fuîmes v. fuîtes ils fuirent	je fuirai tu fuiras il fuira n. fuirons v. fuirez ils fuiront
16. mourir 死ぬ mourant mort	je meurs tu meurs il meurt n. mourons v. mourez ils meurent	je mourais tu mourais il mourait n. mourions v. mouriez ils mouraient	je mourus tu mourus il mourut n. mourûmes v. mourûtes ils moururent	je mourrai tu mourras il mourra n. mourrons v. mourrez ils mourront

| 条 件 法 | 接 続 法 | | 命 令 法 | 同型活用の動詞 |
現　　在	現　　在	半　過　去	現　　在	(注意)
j'　emploierais tu　emploierais il　emploierait n.　emploierions v.　emploieriez ils　emploieraient	j'　emploie tu　emploies il　emploie n.　employions v.　employiez ils　emploient	j'　employasse tu　employasses il　employât n.　employassions v.　employassiez ils　employassent	emploie employons employez	—oyer, —uyer, —ayer の動詞 (e muet の前で y → i. —ayer は 3 型でもよい. また envoyer → 10)
j'　enverrais tu　enverrais il　enverrait n.　enverrions v.　enverriez ils　enverraient	j'　envoie tu　envoies il　envoie n.　envoyions v.　envoyiez ils　envoient	j'　envoyasse tu　envoyasses il　envoyât n.　envoyassions v.　envoyassiez ils　envoyassent	envoie envoyons envoyez	renvoyer (未来，条・現のみ 9 型と ことなる)
j'　irais tu　irais il　irait n.　irions v.　iriez ils　iraient	j'　aille tu　ailles il　aille n.　allions v.　alliez ils　aillent	j'　allasse tu　allasses il　allât n.　allassions v.　allassiez ils　allassent	va allons allez	
je　finirais tu　finirais il　finirait n.　finirions v.　finiriez ils　finiraient	je　finisse tu　finisses il　finisse n.　finissions v.　finissiez ils　finissent	je　finisse tu　finisses il　finît n.　finissions v.　finissiez ils　finissent	finis finissons finissez	第 2 群規則動詞
je　partirais tu　partirais il　partirait n.　partirions v.　partiriez ils　partiraient	je　parte tu　partes il　parte n.　partions v.　partiez ils　partent	je　partisse tu　partisses il　partît n.　partissions v.　partissiez ils　partissent	pars partons partez	dormir, endormir, se repentir, sentir, servir, sortir
je　courrais tu　courrais il　courrait n.　courrions v.　courriez ils　courraient	je　coure tu　coures il　coure n.　courions v.　couriez ils　courent	je　courusse tu　courusses il　courût n.　courussions v.　courussiez ils　courussent	cours courons courez	accourir, parcourir, secourir
je　fuirais tu　fuirais il　fuirait n.　fuirions v.　fuiriez ils　fuiraient	je　fuie tu　fuies il　fuie n.　fuyions v.　fuyiez ils　fuient	je　fuisse tu　fuisses il　fuît n.　fuissions v.　fuissiez ils　fuissent	fuis fuyons fuyez	s'enfuir
je　mourrais tu　mourrais il　mourrait n.　mourrions v.　mourriez ils　mourraient	je　meure tu　meures il　meure n.　mourions v.　mouriez ils　meurent	je　mourusse tu　mourusses il　mourût n.　mourussions v.　mourussiez ils　mourussent	meurs mourons mourez	

不 定 形 分 詞 形	直 説 法			
	現　在	半 過 去	単 純 過 去	単 純 未 来
17. venir 来る venant venu	je viens tu viens il vient n. venons v. venez ils viennent	je venais tu venais il venait n. venions v. veniez ils venaient	je vins tu vins il vint n. vînmes v. vîntes ils vinrent	je viendrai tu viendras il viendra n. viendrons v. viendrez ils viendront
18. ouvrir あける ouvrant ouvert	j' ouvre tu ouvres il ouvre n. ouvrons v. ouvrez ils ouvrent	j' ouvrais tu ouvrais il ouvrait n. ouvrions v. ouvriez ils ouvraient	j' ouvris tu ouvris il ouvrit n. ouvrîmes v. ouvrîtes ils ouvrirent	j' ouvrirai tu ouvriras il ouvrira n. ouvrirons v. ouvrirez ils ouvriront
19. rendre 返す rendant rendu	je rends tu rends il rend n. rendons v. rendez ils rendent	je rendais tu rendais il rendait n. rendions v. rendiez ils rendaient	je rendis tu rendis il rendit n. rendîmes v. rendîtes ils rendirent	je rendrai tu rendras il rendra n. rendrons v. rendrez ils rendront
20. mettre 置く mettant mis	je mets tu mets il met n. mettons v. mettez ils mettent	je mettais tu mettais il mettait n. mettions v. mettiez ils mettaient	je mis tu mis il mit n. mîmes v. mîtes ils mirent	je mettrai tu mettras il mettra n. mettrons v. mettrez ils mettront
21. battre 打つ battant battu	je bats tu bats il bat n. battons v. battez ils battent	je battais tu battais il battait n. battions v. battiez ils battaient	je battis tu battis il battit n. battîmes v. battîtes ils battirent	je battrai tu battras il battra n. battrons v. battrez ils battront
22. suivre ついて行く suivant suivi	je suis tu suis il suit n. suivons v. suivez ils suivent	je suivais tu suivais il suivait n. suivions v. suiviez ils suivaient	je suivis tu suivis il suivit n. suivîmes v. suivîtes ils suivirent	je suivrai tu suivras il suivra n. suivrons v. suivrez ils suivront
23. vivre 生きる vivant vécu	je vis tu vis il vit n. vivons v. vivez ils vivent	je vivais tu vivais il vivait n. vivions v. viviez ils vivaient	je vécus tu vécus il vécut n. vécûmes v. vécûtes ils vécurent	je vivrai tu vivras il vivra n. vivrons v. vivrez ils vivront
24. écrire 書く écrivant écrit	j' écris tu écris il écrit n. écrivons v. écrivez ils écrivent	j' écrivais tu écrivais il écrivait n. écrivions v. écriviez ils écrivaient	j' écrivis tu écrivis il écrivit n. écrivîmes v. écrivîtes ils écrivirent	j' écrirai tu écriras il écrira n. écrirons v. écrirez ils écriront

条　件　法	接　　続　　法		命　令　法	同型活用の動詞 （注意）
現　　在	現　　在	半　過　去	現　　在	
je viendrais tu viendrais il viendrait n. viendrions v. viendriez ils viendraient	je vienne tu viennes il vienne n. venions v. veniez ils viennent	je vinsse tu vinsses il vînt n. vinssions v. vinssiez ils vinssent	viens venons venez	convenir, devenir, provenir, revenir, se souvenir ; tenir, appartenir, maintenir, obtenir, retenir, soutenir
j' ouvrirais tu ouvrirais il ouvrirait n. ouvririons v. ouvririez ils ouvriraient	j' ouvre tu ouvres il ouvre n. ouvrions v. ouvriez ils ouvrent	j' ouvrisse tu ouvrisses il ouvrît n. ouvrissions v. ouvrissiez ils ouvrissent	ouvre ouvrons ouvrez	couvrir, découvrir, offrir, souffrir
je rendrais tu rendrais il rendrait n. rendrions v. rendriez ils rendraient	je rende tu rendes il rende n. rendions v. rendiez ils rendent	je rendisse tu rendisses il rendît n. rendissions v. rendissiez ils rendissent	rends rendons rendez	attendre, défendre, descendre entendre, perdre, prétendre, répondre, tendre, vendre
je mettrais tu mettrais il mettrait n. mettrions v. mettriez ils mettraient	je mette tu mettes il mette n. mettions v. mettiez ils mettent	je misse tu misses il mît n. missions v. missiez ils missent	mets mettons mettez	admettre, commettre, permettre, promettre, remettre, soumettre
je battrais tu battrais il battrait n. battrions v. battriez ils battraient	je batte tu battes il batte n. battions v. battiez ils battent	je battisse tu battisses il battît n. battissions v. battissiez ils battissent	bats battons battez	abattre, combattre
je suivrais tu suivrais il suivrait n. suivrions v. suivriez ils suivraient	je suive tu suives il suive n. suivions v. suiviez ils suivent	je suivisse tu suivisses il suivît n. suivissions v. suivissiez ils suivissent	suis suivons suivez	poursuivre
je vivrais tu vivrais il vivrait n. vivrions v. vivriez ils vivraient	je vive tu vives il vive n. vivions v. viviez ils vivent	je vécusse tu vécusses il vécût n. vécussions v. vécussiez ils vécussent	vis vivons vivez	
j' écrirais tu écrirais il écrirait n. écririons v. écririez ils écriraient	j' écrive tu écrives il écrive n. écrivions v. écriviez ils écrivent	j' écrivisse tu écrivisses il écrivît n. écrivissions v. écrivissiez ils écrivissent	écris écrivons écrivez	décrire, inscrire

不 定 形 分 詞 形	直 説 法			
	現 在	半 過 去	単 純 過 去	単 純 未 来
25. connaître 知っている connaissant connu	je connais tu connais il connaît n. connaissons v. connaissez ils connaissent	je connaissais tu connaissais il connaissait n. connaissions v. connaissiez ils connaissaient	je connus tu connus il connut n. connûmes v. connûtes ils connurent	je connaîtrai tu connaîtras il connaîtra n. connaîtrons v. connaîtrez ils connaîtront
26. naître 生まれる naissant né	je nais tu nais il naît n. naissons v. naissez ils naissent	je naissais tu naissais il naissait n. naissions v. naissiez ils naissaient	je naquis tu naquis il naquit n. naquîmes v. naquîtes ils naquirent	je naîtrai tu naîtras il naîtra n. naîtrons v. naîtrez ils naîtront
27. conduire みちびく conduisant conduit	je conduis tu conduis il conduit n. conduisons v. conduisez ils conduisent	je conduisais tu conduisais il conduisait n. conduisions v. conduisiez ils conduisaient	je conduisis tu conduisis il conduisit n. conduisîmes v. conduisîtes ils conduisirent	je conduirai tu conduiras il conduira n. conduirons v. conduirez ils conduiront
28. suffire 足りる suffisant suffi	je suffis tu suffis il suffit n. suffisons v. suffisez ils suffisent	je suffisais tu suffisais il suffisait n. suffisions v. suffisiez ils suffisaient	je suffis tu suffis il suffit n. suffîmes v. suffîtes ils suffirent	je suffirai tu suffiras il suffira n. suffirons v. suffirez ils suffiront
29. lire 読む lisant lu	je lis tu lis il lit n. lisons v. lisez ils lisent	je lisais tu lisais il lisait n. lisions v. lisiez ils lisaient	je lus tu lus il lut n. lûmes v. lûtes ils lurent	je lirai tu liras il lira n. lirons v. lirez ils liront
30. plaire 気に入る plaisant plu	je plais tu plais il plaît n. plaisons v. plaisez ils plaisent	je plaisais tu plaisais il plaisait n. plaisions v. plaisiez ils plaisaient	je plus tu plus il plut n. plûmes v. plûtes ils plurent	je plairai tu plairas il plaira n. plairons v. plairez ils plairont
31. dire 言う disant dit	je dis tu dis il dit n. disons v. dites ils disent	je disais tu disais il disait n. disions v. disiez ils disaient	je dis tu dis il dit n. dîmes v. dîtes ils dirent	je dirai tu diras il dira n. dirons v. direz ils diront
32. faire する faisant [fzɑ̃] fait	je fais tu fais il fait n. faisons [fzɔ̃] v. faites ils font	je faisais [fzɛ] tu faisais il faisait n. faisions v. faisiez ils faisaient	je fis tu fis il fit n. fîmes v. fîtes ils firent	je ferai tu feras il fera n. ferons v. ferez ils feront

条　件　法		接　続　法			命　令　法	同型活用の動詞
現　在		現　在	半　過　去		現　在	（注意）
je connaîtrais tu connaîtrais il connaîtrait n. connaîtrions v. connaîtriez ils connaîtraient		je connaisse tu connaisses il connaisse n. connaissions v. connaissiez ils connaissent	je connusse tu connusses il connût n. connussions v. connussiez ils connussent		connais connaissons connaissez	reconnaître ; paraître, apparaître, disparaître （t の前で i → î）
je naîtrais tu naîtrais il naîtrait n. naîtrions v. naîtriez ils naîtraient		je naisse tu naisses il naisse n. naissions v. naissiez ils naissent	je naquisse tu naquisses il naquît n. naquissions v. naquissiez ils naquissent		nais naissons naissez	renaître （t の前で i → î）
je conduirais tu conduirais il conduirait n. conduirions v. conduiriez ils conduiraient		je conduise tu conduises il conduise n. conduisions v. conduisiez ils conduisent	je conduisisse tu conduisisses il conduisît n. conduisissions v. conduisissiez ils conduisissent		conduis conduisons conduisez	introduire, produire, traduire ; construire, détruire
je suffirais tu suffirais il suffirait n. suffirions v. suffiriez ils suffiraient		je suffise tu suffises il suffise n. suffisions v. suffisiez ils suffisent	je suffisse tu suffisses il suffît n. suffissions v. suffissiez ils suffissent		suffis suffisons suffisez	
je lirais tu lirais il lirait n. lirions v. liriez ils liraient		je lise tu lises il lise n. lisions v. lisiez ils lisent	je lusse tu lusses il lût n. lussions v. lussiez ils lussent		lis lisons lisez	élire, relire
je plairais tu plairais il plairait n. plairions v. plairiez ils plairaient		je plaise tu plaises il plaise n. plaisions v. plaisiez ils plaisent	je plusse tu plusses il plût n. plussions v. plussiez ils plussent		plais plaisons plaisez	déplaire, taire （ただし taire の直・現・ 3 人称単数 il tait）
je dirais tu dirais il dirait n. dirions v. diriez ils diraient		je dise tu dises il dise n. disions v. disiez ils disent	je disse tu disses il dît n. dissions v. dissiez ils dissent		dis disons dites	redire
je ferais tu ferais il ferait n. ferions v. feriez ils feraient		je fasse tu fasses il fasse n. fassions v. fassiez ils fassent	je fisse tu fisses il fît n. fissions v. fissiez ils fissent		fais faisons faites	défaire, refaire, satisfaire

不 定 形 分 詞 形	直　説　法			
	現　　在	半 過 去	単 純 過 去	単 純 未 来
33. rire 笑う riant ri	je　ris tu　ris il　rit n.　rions v.　riez ils　rient	je　riais tu　riais il　riait n.　riions v.　riiez ils　riaient	je　ris tu　ris il　rit n.　rîmes v.　rîtes ils　rirent	je　rirai tu　riras il　rira n.　rirons v.　rirez ils　riront
34. croire 信じる croyant cru	je　crois tu　crois il　croit n.　croyons v.　croyez ils　croient	je　croyais tu　croyais il　croyait n.　croyions v.　croyiez ils　croyaient	je　crus tu　crus il　crut n.　crûmes v.　crûtes ils　crurent	je　croirai tu　croiras il　croira n.　croirons v.　croirez ils　croiront
35. craindre おそれる craignant craint	je　crains tu　crains il　craint n.　craignons v.　craignez ils　craignent	je　craignais tu　craignais il　craignait n.　craignions v.　craigniez ils　craignaient	je　craignis tu　craignis il　craignit n.　craignîmes v.　craignîtes ils　craignirent	je　craindrai tu　craindras il　craindra n.　craindrons v.　craindrez ils　craindront
36. prendre とる prenant pris	je　prends tu　prends il　prend n.　prenons v.　prenez ils　prennent	je　prenais tu　prenais il　prenait n.　prenions v.　preniez ils　prenaient	je　pris tu　pris il　prit n.　prîmes v.　prîtes ils　prirent	je　prendrai tu　prendras il　prendra n.　prendrons v.　prendrez ils　prendront
37. boire 飲む buvant bu	je　bois tu　bois il　boit n.　buvons v.　buvez ils　boivent	je　buvais tu　buvais il　buvait n.　buvions v.　buviez ils　buvaient	je　bus tu　bus il　but n.　bûmes v.　bûtes ils　burent	je　boirai tu　boiras il　boira n.　boirons v.　boirez ils　boiront
38. voir 見る voyant vu	je　vois tu　vois il　voit n.　voyons v.　voyez ils　voient	je　voyais tu　voyais il　voyait n.　voyions v.　voyiez ils　voyaient	je　vis tu　vis il　vit n.　vîmes v.　vîtes ils　virent	je　verrai tu　verras il　verra n.　verrons v.　verrez ils　verront
39. asseoir 座らせる asseyant assoyant assis	j'　assieds tu　assieds il　assied n.　asseyons v.　asseyez ils　asseyent j'　assois tu　assois il　assoit n.　assoyons v.　assoyez ils　assoient	j'　asseyais tu　asseyais il　asseyait n.　asseyions v.　asseyiez ils　asseyaient j'　assoyais tu　assoyais il　assoyait n.　assoyions v.　assoyiez ils　assoyaient	j'　assis tu　assis il　assit n.　assîmes v.　assîtes ils　assirent	j'　assiérai tu　assiéras il　assiéra n.　assiérons v.　assiérez ils　assiéront j'　assoirai tu　assoiras il　assoira n.　assoirons v.　assoirez ils　assoiront

条件法	接続法		命令法	同型活用の動詞
現在	現在	半過去	現在	（注意）
je rirais tu rirais il rirait n. ririons v. ririez ils riraient	je rie tu ries il rie n. riions v. riiez ils rient	je risse tu risses il rît n. rissions v. rissiez ils rissent	ris rions riez	sourire
je croirais tu croirais il croirait n. croirions v. croiriez ils croiraient	je croie tu croies il croie n. croyions v. croyiez ils croient	je crusse tu crusses il crût n. crussions v. crussiez ils crussent	crois croyons croyez	
je craindrais tu craindrais il craindrait n. craindrions v. craindriez ils craindraient	je craigne tu craignes il craigne n. craignions v. craigniez ils craignent	je craignisse tu craignisses il craignît n. craignissions v. craignissiez ils craignissent	crains craignons craignez	plaindre ; atteindre, éteindre, peindre; joindre, rejoindre
je prendrais tu prendrais il prendrait n. prendrions v. prendriez ils prendraient	je prenne tu prennes il prenne n. prenions v. preniez ils prennent	je prisse tu prisses il prît n. prissions v. prissiez ils prissent	prends prenons prenez	apprendre, comprendre, surprendre
je boirais tu boirais il boirait n. boirions v. boiriez ils boiraient	je boive tu boives il boive n. buvions v. buviez ils boivent	je busse tu busses il bût n. bussions v. bussiez ils bussent	bois buvons buvez	
je verrais tu verrais il verrait n. verrions v. verriez ils verraient	je voie tu voies il voie n. voyions v. voyiez ils voient	je visse tu visses il vît n. vissions v. vissiez ils vissent	vois voyons voyez	revoir
j' assiérais tu assiérais il assiérait n. assiérions v. assiériez ils assiéraient	j' asseye tu asseyes il asseye n. asseyions v. asseyiez ils asseyent	j' assisse tu assisses il assît n. assissions v. assissiez ils assissent	assieds asseyons asseyez	（代名動詞 s'asseoir と して用いられることが 多い．下段は俗語調）
j' assoirais tu assoirais il assoirait n. assoirions v. assoiriez ils assoiraient	j' assoie tu assoies il assoie n. assoyions v. assoyiez ils assoient		assois assoyons assoyez	

不　定　形 分　詞　形	直　　　説　　　法			
	現　　　在	半　過　去	単　純　過　去	単　純　未　来
40. recevoir 　　受取る recevant reçu	je　reçois tu　reçois il　reçoit n.　recevons v.　recevez ils　reçoivent	je　recevais tu　recevais il　recevait n.　recevions v.　receviez ils　recevaient	je　reçus tu　reçus il　reçut n.　reçûmes v.　reçûtes ils　reçurent	je　recevrai tu　recevras il　recevra n.　recevrons v.　recevrez ils　recevront
41. devoir 　　ねばならぬ devant dû, due dus, dues	je　dois tu　dois il　doit n.　devons v.　devez ils　doivent	je　devais tu　devais il　devait n.　devions v.　deviez ils　devaient	je　dus tu　dus il　dut n.　dûmes v.　dûtes ils　durent	je　devrai tu　devras il　devra n.　devrons v.　devrez ils　devront
42. pouvoir 　　できる pouvant pu	je　peux (puis) tu　peux il　peut n.　pouvons v.　pouvez ils　peuvent	je　pouvais tu　pouvais il　pouvait n.　pouvions v.　pouviez ils　pouvaient	je　pus tu　pus il　put n.　pûmes v.　pûtes ils　purent	je　pourrai tu　pourras il　pourra n.　pourrons v.　pourrez ils　pourront
43. vouloir 　　のぞむ voulant voulu	je　veux tu　veux il　veut n.　voulons v.　voulez ils　veulent	je　voulais tu　voulais il　voulait n.　voulions v.　vouliez ils　voulaient	je　voulus tu　voulus il　voulut n.　voulûmes v.　voulûtes ils　voulurent	je　voudrai tu　voudras il　voudra n.　voudrons v.　voudrez ils　voudront
44. savoir 　　知っている sachant su	je　sais tu　sais il　sait n.　savons v.　savez ils　savent	je　savais tu　savais il　savait n.　savions v.　saviez ils　savaient	je　sus tu　sus il　sut n.　sûmes v.　sûtes ils　surent	je　saurai tu　sauras il　saura n.　saurons v.　saurez ils　sauront
45. valoir 　　価値がある valant valu	je　vaux tu　vaux il　vaut n.　valons v.　valez ils　valent	je　valais tu　valais il　valait n.　valions v.　valiez ils　valaient	je　valus tu　valus il　valut n.　valûmes v.　valûtes ils　valurent	je　vaudrai tu　vaudras il　vaudra n.　vaudrons v.　vaudrez ils　vaudront
46. falloir 　　必要である — fallu	il　faut	il　fallait	il　fallut	il　faudra
47. pleuvoir 　　雨が降る pleuvant plu	il　pleut	il　pleuvait	il　plut	il　pleuvra

条 件 法	接 続 法		命 令 法	同型活用の動詞 （注意）
現　在	現　在	半　過　去	現　在	
je　recevrais tu　recevrais il　recevrait n.　recevrions v.　recevriez ils　recevraient	je　reçoive tu　reçoives il　reçoive n.　recevions v.　receviez ils　reçoivent	je　reçusse tu　reçusses il　reçût n.　reçussions v.　reçussiez ils　reçussent	reçois recevons recevez	apercevoir, concevoir
je　devrais tu　devrais il　devrait n.　devrions v.　devriez ils　devraient	je　doive tu　doives il　doive n.　devions v.　deviez ils　doivent	je　dusse tu　dusses il　dût n.　dussions v.　dussiez ils　dussent		（過去分詞は du＝de＋ le と区別するために男 性単数のみ dû と綴る）
je　pourrais tu　pourrais il　pourrait n.　pourrions v.　pourriez ils　pourraient	je　puisse tu　puisses il　puisse n.　puissions v.　puissiez ils　puissent	je　pusse tu　pusses il　pût n.　pussions v.　pussiez ils　pussent		
je　voudrais tu　voudrais il　voudrait n.　voudrions v.　voudriez ils　voudraient	je　veuille tu　veuilles il　veuille n.　voulions v.　vouliez ils　veuillent	je　voulusse tu　voulusses il　voulût n.　voulussions v.　voulussiez ils　voulussent	veuille veuillons veuillez	
je　saurais tu　saurais il　saurait n.　saurions v.　sauriez ils　sauraient	je　sache tu　saches il　sache n.　sachions v.　sachiez ils　sachent	je　susse tu　susses il　sût n.　sussions v.　sussiez ils　sussent	sache sachons sachez	
je　vaudrais tu　vaudrais il　vaudrait n.　vaudrions v.　vaudriez ils　vaudraient	je　vaille tu　vailles il　vaille n.　valions v.　valiez ils　vaillent	je　valusse tu　valusses il　valût n.　valussions v.　valussiez ils　valussent		
il　faudrait	il　faille	il　fallût		
il　pleuvrait	il　pleuve	il　plût		

イラスト：小熊未央
レイアウトデザイン：森田幸子
表紙：佐川ヤスコ

p.34　c写真：Ⓒ Avalon/ 時事通信フォト
　　　d写真：Ⓒ 時事

エクート！
聞いておぼえるフランス語

| 検印 省略 | Ⓒ 2020 年 1 月 15 日　初版発行 |

著　者	井　上　櫻　子
	クロエ・ヴィアート
	ヴァンサン・ブランクール
	中　川　真知子

| 発行者 | 原　　　雅　久 |
| 発行所 | 株式会社　朝　日　出　版　社 |

101-0065　東京都千代田区西神田 3-3-5
電話直通　(03)3239-0271/72
振替口座　00140-2-46008
http://www.asahipress.com/

| 組　版 | 有限会社ファースト |
| 印　刷 | 図書印刷株式会社 |